2019년 가야학술제전 학술총서 05

가야 직물

국립김해박물관

2019년 가야학술제전 학술총서 05

가야 직물

2020년 7월 23일 초판 1쇄 인쇄
2020년 7월 30일 초판 1쇄 발행

지은이	박승원 김연미 권영숙 박윤미 奧山誠義
기획	오세연(국립김해박물관장)·이정근·김혁중(국립김해박물관)
북디자인	김진운
발행	국립김해박물관
	50911 경상남도 김해시 가야의길 190 국립김해박물관
	Tel. 055-320-6837 Fax. 055-325-9334
	http://gimhae.museum.go.kr
출판	(주)사회평론아카데미
	서울특별시 마포구 월드컵북로6길 56
	02-2191-1133
ISBN	979-11-89946-71-5 94910 / 979-11-89946-66-1 94910(세트)

2019년
가야학술제전
학술총서

05

국립김해박물관

박승원 김연미 권영숙 박윤미 奧山誠義 ──── 지음

가야 직물

일러두기

1. 이 책은 2019년 가야학술제전에서 발표, 토론한 내용을 수정 보완한 것이다.

	학술제전 주제	일정
1	문자로 본 가야	2019. 6. 1.
2	삼한의 신앙과 의례	2019. 7. 12.
3	삼국시대 마주·마갑 연구 성과와 과제	2019. 8. 30.
4	가야사람 풍습연구 – 편두	2019. 9. 27.
5	가야 직물 연구	2019. 10. 25.

2. 책 제목의 일부는 학술제전 주제의 성격에 맞추어 일부 변경하였다.

3. 학술제전의 토론은 주제별로 영상을 제작 편집하였다. 아래에서 토론 영상을 시청할 수 있다. https://www.facebook.com/517440405030443/posts/3161764983931292/?sfnsn=mo

차례

1 출토 가야직물의 고고학적 성격
박승원·김연미

2 대외교류사적 관점에서 본 고대 Ikat 직물과 가야직물과의 관련성
권영숙

3   가야 고분군 출토 직물
박윤미

4   古代織物の研究方法論
―科学的な視点から古代の織物を探る
奥山誠義

1

출토 가야직물의
고고학적 성격

박승원 국립대구박물관

김연미 국립김해박물관

I. 들어가며

우리나라에서 고대직물을 이야기할 때, 가장 먼저 대두되는 이야기는 직물의 종류와 수량이 너무 부족하다는 것이다. 전국에서 이루어지고 있는 발굴과 출토 현장에서 많은 유물들이 쏟아지지만, 직물은 존재를 파악하기에 어려움이 있다. 이러한 현실에서도 연구자들의 노력으로 시대별 직물들을 접할 수가 있는데, 대표적으로 무령왕릉, 황남대총, 천마총, 불국사 석가탑 등 우리 직물 문화의 우수성을 보여주는 실물의 존재는 연구자들에게 새로운 연구 주제를 던져주고 있다.

이러한 고대직물 연구에서 '가야'라고 하면 일단 고개를 갸우뚱하게 한다. 그만큼 어려운 주제이며 쉽게 접근할 수 없는 영역처럼 여겨진다. 하지만 박윤미 선생의 선두적인 역할로 꾸준한 연구가 이루어졌으며 현재 하나의 시대 테마로 잡을 수 있을 만큼 연구가 진행되고 있는 현실이다.

'가야직물의 고고학적 특성'이라고 이름 지어진 본 연구는 그동안 직물 연구자들을 통해 보고된 가야직물을 다시 한번 정리하고 앞으로의 직물 연구를 위한 방향 설정에 필요한 기초 자료를 제공하는 데 목적이 있다.

II. 가야직물의 연구 성과

가야는 삼한 중 변한(弁韓)이 모태가 되어 성립된 세력 집단으로 가야의 역사는 대체로 기원 전후, 3~4세기, 5~6세기를 기점으로 특이점을 보인다. 각 시기를 지역적으로 구분지어 살펴보면, 4세기를 전후하여 낙

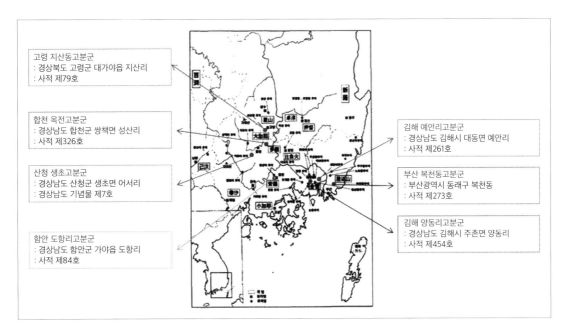

[도 1] 가야 강역도(박윤미 2002, 9 재인용, 설명추가)

동강 하구의 김해를 중심으로 하는 금관가야, 낙동강 서안의 고령을 중심
으로 하는 대가야, 낙동강 서안의 함안을 중심으로 하는 아라가야, 남해
안의 고성을 중심으로 하는 소가야 등으로 나누어볼 수 있다(국립김해박
물관 1998, 56; 박윤미 2002, 8). 직물이 발견된 고분을 중심으로 살펴보면,
고령 지산동고분군, 산청 생초고분군, 김해 양동리고분군, 부산 복천동고
분군, 함안 도항리고분군, 합천 옥전고분군, 김해 예안리고분군이 있다.
가야 각국과 고분의 위치는 [도 1]과 같으며 고분별로 발견·연구된 직물
을 정리하면 다음과 같다.

1. 고령 지산동고분군의 직물

고령 지산동고분군(사적 제79호)은 대가야 시대 대표적인 고분군으
로 제32호분, 제2호분, 제30호분, 제30-2호분, 제44호분, 제45호분, 제

6호분, 제12호 석관묘, 석곽18호, 제26호분, 제110호분, 제114호분, 제73호분에서 금속을 모체로 하는 유물과 함께 직물이 발견되었다(박윤미 2002; 2003b; 2004; 박윤미·정복남 2007; 박윤미·최재현 2009).

1) 고령 지산동 제32호분(5C 전반)

고령 지산동 제32호분에서 발견된 금속품인 고리, 찰갑(札甲)의 안쪽 면과 등자(鐙子)의 겉면, 안쪽 면에서는 마(麻)직물이 발견되었다.

2) 고령 지산동 제2호분(5C 1/4-2/4분기)

고령 지산동 제2호분에서 발견된 철탁(鐵鐸) 6점 중 1점에서는 마직물이 다른 5점에서는 견(絹)직물이 확인되었다. 견직물은 모두 밀도가 치밀한 평조직이고 여러 겹이 겹쳐진 모습이다.

3) 고령 지산동 제30호분(5C 중엽)

고령 지산동 제30호분에서 발견된 화살통장식(盛矢具)의 안쪽 면에서는 마직물이 확인되었다.

4) 고령 지산동 제30-2호분(5C 중엽)

고령 지산동 제30-2호분에서 발견된 금동관에 부착된 직물은 꼬임이 없는 실로 제직한 평조직의 견직물이며 견사가 매우 가늘고 성근 밀도에 투공률이 높아 생초(生綃)로 확인되었다. 금동관에서 떨어져 나온 실은 대마사(大麻絲)이다.

5) 고령 지산동 제44호분(5C 4/4분기)

고령 지산동 제44호분에서 발견된 안교(鞍橋)에서는 마직물 중 대마직물인 삼베가 확인되었고, 좌·우측의 십금구 겉면과 철부(鐵斧)의 겉면에서는 평조직의 직물이 확인되었다. 직물의 종류는 명확하지 않다.

6) 고령 지산동 제45호분(5C 4/4분기)

고령 지산동 제45호분에서 발견된 철판(鐵板)의 겉면에서는 조직이 다른 2종류의 견직물이 발견되었으며 평조직과 능조직으로 확인되었다. 바닥조직은 평조직이고 무늬 조직은 3매와 4매의 기하무늬를 넣은 평지능문(平地綾紋)인데 이 시기 이와 같은 조직은 기(綺)라고 하였다.

7) 고령 지산동 제6호분(5C)

고령 지산동 제6호분에서 발견된 철탁에서는 대마직물인 삼베가 확인되었다.

8) 고령 지산동 제12호 석관묘(5C)

고령 지산동 제12호 석관묘에서 발견된 철부에서는 마직물이 확인되었다.

9) 고령 지산동 석곽18호(5C)

고령 지산동 석곽18호에서 발견된 쇠창에서는 평직의 마직물이 확인되었다.

10) 고령 지산동 제26호분(5C)

고령 지산동 제26호분에서 발견된 철부의 5부분에 남아 있는 직물편을 분석한 결과, 마직물인 삼베[대마직물]와 모시[저마직물], 견직물이 확인되   었다.

11) 고령 지산동 제110호분(5C)

고령 지산동 제110호분에서 발견된 도자(刀子: 작은 칼)에서는 마직물이 확인되었다.

12) 고령 지산동 제114호분(5C)

고령 지산동 제114호분에서 발견된 검형철기(劍形鐵器)에서는 평직인 마직물이 확인되었다.

13) 고령 지산동 제73호분(5-6C)

고령 지산동 제73호에서 발견된 직물은 금속을 모체로 하여 부착되어 있는 직물과 주변에 흩어져 있는 직물 편으로 대상 시료는 주곽 칼집 끝장식 표면 직물흔, 주곽 꺾쇠 바깥면의 직물흔, 주곽 운주 표면의 직물흔, 주곽 금동 띠금구 내면의 직물흔, 서순장곽 관모장식에 부착된 직물과 바닥면에 깔려 있던 직물 조각으로 총 5점이 대상이었다. 분석된 직물에서 보이는 특징을 살펴보면, 마직물과 견직물의 발견이다. 마직물은 마직물의 단면에 대해 주사전자현미경 관찰을 통해 모가 나지 않은 다각형인 삼베와 외형이 타원형에 가깝고 가운데에 중공이 있는 모시로 구분하였다. 평조직의 직조 구조를 가진 마직물과 다르게 견직물의 직조 방법은 다양화 경향을 보였다. 평조직은 기본이고 평직에서 약간의 변화를 준 변형평직, 그리고 중조직이 있었다. 경위사가 균일하게 제직된 평견, 가는 견사를 사용하여 치밀하게 제직한 초(綃), 경위사의 굵기 차이를 둔 평견, 경사를 병사(幷絲)로 제직한 겸(縑), 위사에 변화를 둔(2올

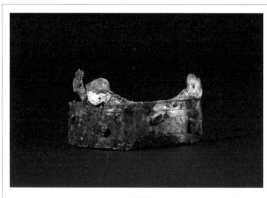

a. 금동관

a-1. '금동관' 직물 확대

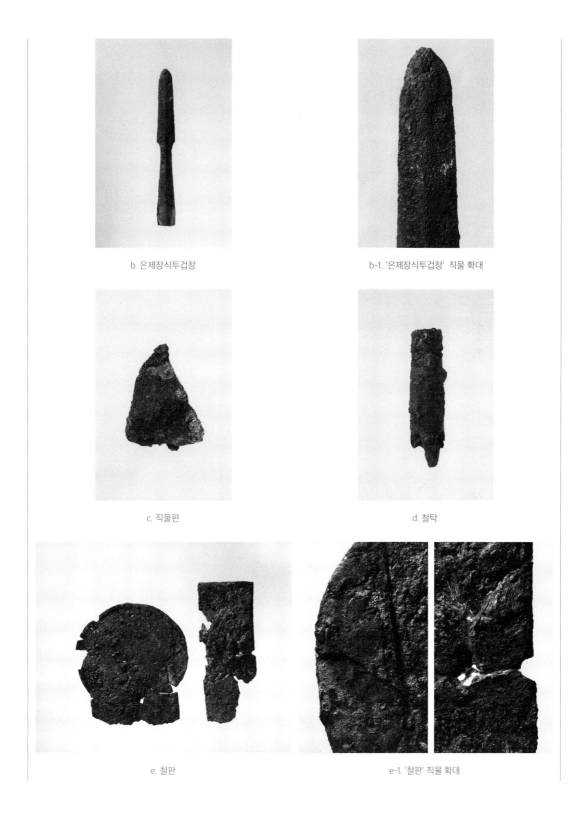

b. 은제장식투겁창

b-1. '은제장식투겁창' 직물 확대

c. 직물편

d. 철탁

e. 철판

e-1. '철판' 직물 확대

f. 화살통장식

f-1. '화살통장식' 직물 확대

g. 도끼

g-1. '도끼' 직물 확대

[사진 1] 고령 지산동고분군의 발견 직물

이상 사용) 평견으로 세분되어 진다. 이 시기 특징적인 직물로는 중조직의 금(錦)이 있으며 평조직의 바닥에 경사 방향으로 무늬가 있는 경금(經錦)이다.

고령 지산동고분군에서 발견된 직물을 정리하면 [표 1]과 같다.

[표 1] 고령 지산동고분군에서 발견된 직물 목록

연번	고분명	시기	유물명	수량	직물종류	직물조직
1	제32호분	5C 전반	고리	1	마	평직
			등자	1	마	평직
			찰갑	1	마	평직
2	제2호분	5C 1/4~2/4분기	절탁	1	마	평직
				1	견	평직
				1	견	평직
				1	견	평직
				1	견	평직
				1	견	평직
3	제30호분	5C 중반	화살통장식(盛矢具)	1	마	평직
				1	-	평직
				1	마	평직
4	제30-2호분	5C 중반	금동관	1	-	평직
				1	견[초]	평직
				1	-	평직
				1	대마사	실
5	제44호분	5C 4/4분기	안교	1	마(대마)	평직
			십금구(좌측)	1	-	평직
			십금구(우측)	1	-	평직
			절정	1	-	평직
6	제45호분	5C 4/4분기	절판	1	견	평직
				1	견	능직

연번	고분명	시기	유물명	수량	직물종류	직물조직
7	제6호분	5C	절탁	1	마(대마)	평직
8	제2호 석관묘	5C	절부	1	마	평직
9	석곽18호	5C	쇠창	1	마	평직
10	제26호분	5C	절부	1	마(대마)	평직
				1	마(저마)	평직
				1	마(저마)	평직
				1	마	평직
				1	견	평직
11	제110호분	5C	도자	1	마	평직
12	제114호분	5C	검형절기	1	마	평직
13	제73호분	5~6C	칼집 끝 장식(KJ73-1)	3	마(저마)	평직
					견[초]	평직
			꺾쇠(KJ73-2)	35	마(대마)	평직
			운주(KJ73-3)	1	견[초]	평직
					견	[변화]평직
			금동 띠금구(KJ73-4)	1	견(경금)	중조직
			관모장식(KJ73-5)	6	마(대마)	평직
					견[초]	평직
					견	[변화]평직
					견(경금)	중조직

2. 산청 생초고분군의 직물

산청 생초고분군은 지산동고분군과 마찬가지로 대가야 시대 중요한 고분군이다. 생초 M13호분과 제9호분에서 금속이 모체인 유물과 함께 직물이 발견되었다(박윤미 2003b; 2004; 박윤미·정복남 2007).

1) 산청 생초 M13호분 주곽(6C 전반) 및 내부 수습

산청 생초 M13호분 주곽에서 발견된 안장에서는 대마직물이, 여러 점의 꺾쇠에서는 마직물(대마직물, 저마직물)과 견직물이, 관정과 대도에서도 저마직물이 확인되었다. 내부 수습된 유물 중 여러 점의 꺾쇠에서도 마직물과 견직물이, 철기에서는 저마직물이 확인되었다.

2) 산청 생초 제9호분(6C 후반)

산청 생초 제9호분에서 발견된 동경(銅鏡)과 동경 주변의 흙에서 마직물과 견직물이 발견되었고 대도(大刀) 주변 흙에서는 직물의 종류가 확실히 구별되지 않는 평조직의 직물이 확인되었다. 특히 동경의 앞·뒷면에서 확인된 저마직물은 엮음직으로, 지금까지 조사된 고대직물로서는 유일한 조직이다.

산청 생초고분군에서 발견된 직물을 정리하면 [표 2]와 같다.

[표 2] 산청 생초고분군에서 발견된 직물 목록

연번	고분명	시기	유물명	수량	직물종류	직물조직	연번	고분명	시기	유물명	수량	직물종류	직물조직
1	M13호분	6C 전반	안장[23]	1	마(대마)	평직	2	M13호분 내부수습	6C 전반	꺾쇠[1]	1	마(대마)	평직
			꺾쇠[24]	1	마(저마)	평직				꺾쇠[2]	1	견사	-
			꺾쇠[32-1]	1	마(저마)	평직				꺾쇠[3]	1	마	평직
			꺾쇠[32-2]	1	마(저마)	평직				꺾쇠[4]	1	마(대마)	평직
			꺾쇠[32-3]	1	마	평직				꺾쇠[5]	1	마(대마)	평직
			꺾쇠[32-4]	1	마(저마)	평직				꺾쇠[6]	1	마(대마)	평직
			꺾쇠[33]	1	견(초)	평직				꺾쇠[7]	1	견(초)	평직
				1	견	평직				꺾쇠[8]	1	마(대마)	평직
			꺾쇠[34]	1	견(초)	평직				꺾쇠[9]	1	마(대마)	평직
					견	평직				꺾쇠[10]	1	마(저마)	평직
			꺾쇠[35-1]	1	마(저마)	평직				꺾쇠[11]	1	견(초)	평직
			꺾쇠[35-2]	1	마(대마)	평직	3	제9호분	6C 후반	동경	1	마(저마)	엮음직
			꺾쇠[35-3]	1	마(저마)	평직					1	견	평직
			꺾쇠[36-1]	1	마(대마)	평직					1	견	평직
			꺾쇠[36-2]	1	마(대마)	평직				동경 표면류	1	견(초)	평직
			꺾쇠[37]	1	마(대마)	평직					1	견(초)	평직
			꺾쇠[39]	1	견(초)	평직					1	마	평직
			관정[48]	1	마(저마)	평직					1	견(라)	익직
			대도	1	마(저마)	평직					1	견(라)	익직
										대도 주변류	1	-	평직

3. 김해 양동리고분군의 직물

금관가야의 대표적인 고분군인 김해 양동리고분군(2C 후반~3C 초반)중 양동리 제200호분, 제340호분에서 금속이 모체인 유물과 함께 직물이 발견되었다(박윤미 2002, 50-56; 2003b). 양동리 유물은 동의대학교 박물관이 소장하고 있다.

1) 김해 양동리 제200호분(2C 후반~3C 초반)

김해 양동리 제200호분에서는 동모(銅鉾)를 싸기 위한 보자기용 직물이 대마를 원료로 하는 삼베임이 확인되었고 이는 우리나라에서 가장 이른 시기의 마직물로 기록되고 있다.

2) 김해 양동리 제340호분(2C 후반~3C 초반)

김해 양동리 제340호분에서 발견된 청동경(靑銅鏡) 표면에서도 평조직의 마직물이 확인되었다.

김해 양동리고분군에서 발견된 직물을 정리하면 [표 3]과 같다.

[표 3] 김해 양동리고분군에서 발견된 직물 목록

연번	고분명	시기	유물명	수량	직물종류	직물조직
1	제200호분	2C 후반-3C 초반	동모	1	마(대마)	평직
2	제340호분	2C 후반-3C 초반	청동경	1	마	평직

4. 부산 복천동고분군의 직물

부산 복천동고분군(4C 초반)은 양동리고분군과 함께 금관가야의 대표적인 고분군이며 복천동 제38호분, 제84호분, 제22호분에서 금속이 모체인 유물과 함께 직물이 발견되었다(박윤미 2002, 50-56; 2003b, 103-104).

1) 부산 복천동 제38호분(4C 초반)

부산 복천동 제38호분에서는 투구 볼가리개에서 평조직의 견직물이 확인되었다.

2) 부산 복천동 제84호분(4C 초반)

부산 복천동 제84호분에서는 3점의 화살촉에서 각각 다른 종류의 직물이 확인되었는데 직물의 종류를 판별할 수 없는 평조직의 직물, 3매 능조직의 직물과 라(羅)직물이다.

3) 부산 복천동 제22호분(5C 전반)

부산 복천동 제22호분에서는 철기(鐵器)에서 1점, 철정(鐵鋌)에서 2점 등 모두 3점의 직물이 조사되었으며 저마직물로 확인되었다.

부산 복천동고분군에서 발견된 직물을 정리하면 [표 4]와 같다.

[표 4] 부산 복천동고분군에서 발견된 직물 목록

연번	고분명	시기	유물명	수량	직물종류	직물조직
1	제38호분	4C 초	투구 몸가리개	1	견	평직
2	제84호분	4C 초	화살족	3	견	능직
					견(라)	의직
					견	평직
3	제22호분	5C 전반	절기	1	마(저마)	평직
			절정	2	마(저마)	평직

5. 함안 도항리고분군의 직물

함안 도항리고분군은 아라가야의 대표적인 고분(5C 전반~6C 전반)으로 출토된 금속품과 함께 직물이 발견되었다(박윤미 2002, 62-67; 2003b; 2004).

1) 함안 도항리 제36호분(5C 전반)

함안 도항리 제36호분에서 발견된 유자이기(有刺利器)의 표면에서는 직물의 종류는 알 수 없으나 여러 겹의 평조직 직물이 확인되었다.

2) 함안 도항리 제44호분(5C 전반)

함안 도항리 제44호분에서 발견된 철제집게의 표면에서는 직물의 종류는 알 수 없으나 평조직 직물이 확인되었다.

3) 함안 도항리 제37호분(5C 중반)

함안 도항리 제37호분에서 발견된 과대(銙帶)의 과판(銙板) 뒷면에서는 직물의 종류는 알 수 없으나 최소한 7겹 이상의 평조직 직물의 층이 있으며 단면 조사를 통해 대마직물로 확인되었다.

4) 함안 도항리 제15호분(5C 후반)

함안 도항리 제15호분에서 발견된 화살통장식의 안쪽 면에서는 직물의 종류는 알 수 없으나 평조직 직물이 확인되었다.

5) 함안 도항리 제38호분(5C 후반)

함안 도항리 제38호분에서 발견된 과대의 판 사이에서는 대마직물이, 유자이기의 안쪽 면에서는 직물의 종류는 알 수 없으나 평조직 직물이 확인되었다.

6) 함안 도항리 제39호분(5C 후반)

함안 도항리 제39호분에서 발견된 화살통장식의 안쪽 면에서는 직물의 종류는 알 수 없으나 평조직 직물이 확인되었다.

7) 함안 도항리 제54호분(5C 후반)

함안 도항리 제54호분에서 발견된 화살통장식의 안쪽 면과 초미금구(鞘尾金具)의 표면에서는 직물의 종류는 알 수 없으나 평조직 직물이 확인되었다.

8) 함안 도항리 제4호분(6C 전반)

함안 도항리 제4호분에서 발견된 행엽(杏葉)의 표면에서는 직물의 종류는 알 수 없으나 평조직 직물이 확인되었다.

9) 함안 도항리 제8호분(6C 전반)

함안 도항리 제8호분에서 발견된 금동장식(金銅裝飾)의 표면에서는 4개의 경사가 교차되어 제작되는 라직물의 바탕에 2개의 경사가 교차되어 제작되며 무늬를 낸 라직물이 확인되었으며, 화살통장식에서는 직물의 종류는 알 수 없으나 평조직 직물이 확인되었다.

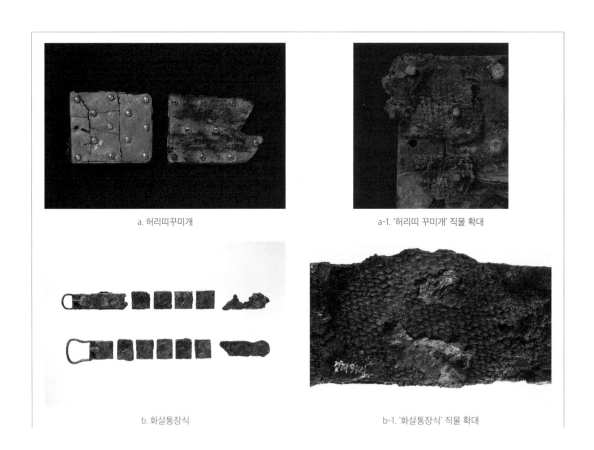

a. 허리띠꾸미개

a-1. '허리띠 꾸미개' 직물 확대

b. 화살통장식

b-1. '화살통장식' 직물 확대

<table>
<tr><td>c. 칼집끝장식</td><td>c-1. '칼집끝장식' 직물 확대</td></tr>
<tr><td>d. 미늘쇠</td><td>d-1. '미늘쇠' 직물 확대</td></tr>
</table>

[사진 2] 함안 도항리고분군의 발견 직물

함안 도항리고분군에서 발견된 직물을 정리하면 [표 5]와 같다.

[표 5] 함안 도항리고분군에서 발견된 직물 목록

연번	고분명	시기	유물명	수량	직물종류	직물조직
1	제36호분	5C 전반	유자이기	1	–	평직
2	제44호분	5C 전반	절제집게	1	–	평직
3	제37호분	5C 중반	과대	2	마[대마]	평직
					–	평직
4	제15호분	5C 후반	화살통장식	1	–	평직
5	제38호분	5C 후반	과대	1	마[대마]	평직
			유자이기	1	–	평직
6	제39호분	5C 후반	화살통장식	1	–	평직
7	제54호분	5C 후반	화살통장식	2	–	평직
			초미금구	1	–	평직
8	제4호분	6C 전반	행엽	1	–	평직
9	제8호분	6C 전반	금동장식	1	견[라/사]	의직
			화살통장식	3	–	평직

6. 합천 옥전고분군의 직물

경상대학교 박물관에 소장되어 있는 합천 옥전고분군(사적 제326호)은 다락국의 대표적인 고분군으로 발굴한 유물과 동반 조사된 직물들이다(박윤미·정복남 1999; 박윤미 2002, 69-121; 2003b; 2004). 옥전고분군은 4C부터 6C까지의 고분으로 다양한 금속품들이 출토되었는데 발견된 직물들 또한 모체는 주로 금속이다. 옥전고분군 발견 직물들은 가야직물을 연구하는 데 중요한 자료가 된다. 발견된 유물에서 확인된 직물의 종류는 마직물과 견직물이 대부분이었다. 고분별로 발견된 직물은 다음과 같다.

1) 합천 옥전 제23호분(5C 전반)

합천 옥전 제23호분에서 발견된 금동관에서는 4종류의 직물이 발견되었는데 투구의 안쪽 면과 금동관모(金銅冠帽)의 안쪽 면에서 대마직물이 확인되었고 금동관모의 안쪽 면과 금동제투구[伏鉢]의 겉면에서는 직물의 종류는 명확하지 않으나 평조직의 견직물이 확인되었다.

2) 합천 옥전 67-A호분(5C 전반)

합천 옥전 67-A호분에서 발견된 유자이기와 집게, 꺾쇠에서는 꼬임이 없는 실로 직조한 평조직의 직물이 확인되었다.

3) 합천 옥전 M1호분(5C 3/4분기)

합천 옥전 M1호분에서는 모두 41점의 직물이 발견되었다. 2점의 투구와 복발(伏鉢), 투구형 철기, 귀면문금구편(鬼面紋金具片), 화살통장식 등에서 마직물이 확인되었다. 유자이기, 등자(橙子), 운주(雲珠)에서는 평조직의 직물이, 과대식금구(銙帶飾金具)에서는 대마직물이 확인되었다.

4) 합천 옥전 제5호분(5C 3/4분기)

합천 옥전 제5호분에서 발견된 화살통장식의 안쪽 면에서는 직물의 종류는 알 수 없으나 평조직 직물이 확인되었다.

5) 합천 옥전 제28호분(5C 3/4분기)

합천 옥전 제28호분에서 발견된 말갑옷E-3의 부분에 직물의 종류는 알 수 없으나 평조직의 직물이 확인되었다.

6) 합천 옥전 제35호분(5C 3/4분기)

합천 옥전 제35호분에서 발견된 투구, 대도, 도자, 화살통장식의 안쪽 면에서는 대마와 저마직물이 확인되었다.

7) 합천 옥전 M3호분(5C 4/4분기)

합천 옥전 M3호분에서는 모두 13점의 직물이 발견되었으며 유자이기의 앞, 뒷면에 평조직과 능조직[3매능직, 4매능직과 평직의 혼합직]이 혼합되어 확인되었고 2점의 마령(馬鈴: 말방울), 경갑(脛甲), 투구A, 찰갑(札甲)A에서는 평조직의 직물이, 도자에서는 평조직으로 제직 방법은 동일하나 다른 것보다 치밀한 조직의 평직물이 확인되었다.

8) 합천 옥전 제20호분(5C 4/4분기)

합천 옥전 제20호분에서는 투구 수미부(首尾部) 가리개, 화살통장식과 마갑 소찰에서 직물의 종류는 알 수 없으나 평조직의 직물이 확인되었다.

9) 합천 옥전 제85호분(6C 1/4분기)

합천 옥전 제85호분에서는 불명철기(不明鐵器)에서 직물의 종류는 알 수 없으나 평조직의 직물이 확인되었다.

10) 합천 옥전 M7호분(6C 1/4분기)

합천 옥전 M7호분에서는 불명철기에서 직물의 종류는 알 수 없으나 평조직의 직물이 확인되었다.

11) 합천 옥전 M4호분(6C 4/4분기)

합천 옥전 M4호분에서 발견된 유자이기와 화살통장식에서는 공통적으로 평조직의 견직물이 확인되었고, 화살통장식 중 하나에서는 제직 방법에 변화를 준 3가지 조직이 확인되며 변화평직, 중조직, 평조직이다. 중조직 직물은 경사 방향을 색사로 하여 제직한 경금이다.

12)합천 옥전 제75호분(6C 2/4분기)

합천 옥전 제75호분에서 발견된 유자이기에서는 평조직의 견직물과 마직물로 2종류의 직물이 확인되었고, 화살통장식 2점에서는 각각 직물의 종류를 판별하기 어려운 평조직의 직물이 확인되었다.

a. 투구

a-1. '투구' 직물 확대

b. 미늘쇠

b-1. '미늘쇠' 직물 확대

c. 화살통장식

c-1. '화살통장식' 직물 확대

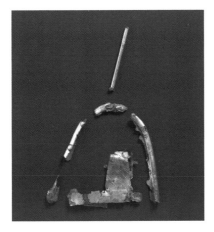

d. 금동관모

d-1. '금동관모' 직물 확대

e. 마령	e-1. '마령' 직물 확대

[사진 3] 합천 옥전고분군의 발견 직물

합천 옥전고분군에서 발견된 직물을 정리하면 [표 6]과 같다.

[표 6] 합천 옥전고분군에서 발견된 직물 목록

연번	고분명	시기	유물명		수량	직물종류	직물조직	연번	고분명	시기	유물명		수량	직물종류	직물조직
1	제23호분	5C 전반	복발		1	–	평직	3	M1호분	5C 3/4분기	투구A		1	견	평직
			투구		1	–	평직				투구B	지판	1	마(저마)	평직
			투구 볼가리개		1	–	평직					복발	1	–	평직
			말안장		1	–	평직				경갑		1	–	평직
			꺾쇠		1	–	평직				투구형절기		3	견	평직
			금동관모		1	마(대마)	평직						2	마(저마)	평직
					4	견	평직				초모금구		2	견	평직
2	제67-A호분	5C 전반	유자이기		2	–	평직				투구형절기		1	–	평직
			집게		1	견	평직				심엽형금구		3	견(라)	익직
			꺾쇠		1	견	평직						1	–	평직
											귀면문금구편		1	마(대마)	평직
													1	견(라)	익직
											화살통장식		3	견	평직
													8	–	평직
													3	마(대마)	평직
													1	마(저마)	평직
											유자이기		1	–	평직
											꺾쇠		1	–	평직
											안욕걸림쇠		1	–	평직
											등자		5	–	평직
													3	마(대마)	평직
											운주		2	–	평직
											교구		2	–	평직
											과대		13	마(대마)	평직
													1	견(라)	익직
													1	견	평직

연번	고분명	시기	유물명		수량	직물종류	직물조직
4	제5호분	5C 3/4분기	화살통장식		1	-	평직
5	제28호분	5C 3/4분기	초미금구		1	-	평직
			말갑옷		3	-	평직
6	제35호분	5C 3/4분기	투구	지판	1	-	평직
				지판	1	마[저마]	평직
				소찰	2	-	평직
				소찰	1	마[대마]	평직
			대도		3	-	평직
			도자		2	견	평직
					1	마[대마]	평직
					1	마[저마]	평직
			화살통장식		1	마[대마]	평직
					1	마[저마]	평직
					1	견	평직
					1	견	[변화]평직
					3	-	평직

연번	고분명	시기	유물명	수량	직물종류	직물조직
7	M3호분	5C 4/4분기	두갑A지판	1	-	평직
			소도	1	-	평직
			도자	1	-	평직
			유자이기	4	-	평직
				2	견	평직
				1	견[능]	능직
				1	견[경금]	중조직
				3	마[저마]	평직
			고삐	1	-	평직
			말방울[馬鈴]	4	-	평직
			덩이쇠	5	-	평직
8	제20호분	5C 4/4분기	투구 冑鉢 가리개	1	-	평직
			화살통장식	1	-	평직
			마갑B 소찰	2	-	평직
9	제85호분	6C 1/4분기	물명절기	1	-	평직
10	M7호분	6C 1/4분기	물명절기	1	-	평직
11	M4호분	6C 1/4분기	유자이기	1	-	평직
			화살통장식	1	-	평직
				2	견	평직
				1	견	[변화]평직
				1	견[경금]	중조직
12	제75호분	6C 2/4분기	화살통장식	2	-	평직
			유자이기	1	견	평직
				1	마[대마]	평직

7. 김해 예안리고분군의 직물

대가야의 고분인 김해 예안리고분군(사적 제261호)에서 출토된 금속품과 함께 직물이 발견되었다(박윤미·정복남 1999; 박윤미 2002, 69-121; 2003b; 2004).

1) 김해 예안리 제58호분(6C 중반)

김해 예안리 제58호분에서 발견된 철겸(鐵鎌)에서는 저마직물이 확인되었다.

2) 김해 예안리 제60호분(6C 중반)

김해 예안리 제58호분에서 발견된 철기에서는 저마직물이 확인되었다.

김해 예안리고분군에서 발견된 직물을 정리하면 [표 7]과 같다.

[표 7] 김해 예안리고분군에서 발견된 직물 목록

연번	고분명	시기	유물명	수량	직물종류	직물조직
1	제200호분	2C 후반-3C 초반	동모	1	마(대마)	평직
2	제340호분	2C 후반-3C 초반	청동경	1	마	평직

III. 연구 결과로 본 가야직물의 성격

1. 직물의 종류와 제직 방법

발견된 직물을 사용된 원료 재료에 따라 구분하면, 견직물과 마직물로 나뉘며 마직물은 대마직물과 저마직물로 세분된다. 제직 방법은 직물의 기본조직인 평조직과 능조직이 있으며 라조직과 중조직으로 제직된 직물도 확인된다.

1) 마직물

평조직으로 제직된 마직물은 삼베를 사용한 대마직물과 모시를 사용한 저마직물로 구분되며 조사 결과로는 대마직물이 약 3배 정도 많은 비중을 차지하고 있다. 마직물은 실이 되는 단계에서부터 꼬임을 만드는데, 유물에는 좌연사(Z꼬임)보다 우연사(S꼬임)가 대부분이며 이러한 경향은 가까운 일본의 출토 직물에서도 같은 경향을 보인다(박윤미 2002, 122). 대마와 저마 직물은 실의 굵기와 밀도를 비교하면 시대의 흐름에 무관하게 경위사에 큰 차이가 없는 것을 사용한 것으로 확인된다. 대마직물과 저마직물의 구별의 섬유의 단면을 확인하였으며 대마섬유는 모가 나지 않은 다각형이고 저마섬유는 외형이 타원형에 가깝고 가운데에 중공이 있는 특징으로 구분하였다.

조사된 마직물 중 가장 이른 시기의 대마직물은 김해 양동리 제200호분(2C 후반~3C 초반) 동모의 직물이며, 저마직물로는 5세기 3/4분기에 해당되는 다락국의 합천 옥전 M1호분과 제28호분에서 발견되었다. 우리나라에서 발견된 이른 시기의 마직물이 황남대총(4C후반)과 무령왕릉(6C)에서 발견된 마직물로 보고된 것과 비교하면 정확하게 종류가 구별되는 가장 이른 시기의 대마와 저마 직물이라 하겠다(박윤미 2002, 125-126).

2) 견직물

견직물은 제직 방법에 따라 평조직, 능조직, 라조직, 중조직이 확인된다. 평조직은 일반적으로 실의 굵기와 밀도가 균일한 평직과 실의 굵기와 밀도를 달리하여 변화를 준 변화평직이 있는데 조사된 가야직물에서 전반적으로 이와 같은 형태가 모두 확인된다.

능조직은 바닥조직을 평직으로 하고 무늬를 능직으로 하여 3매나 4매 경능직으로 제직했는데, 발견되는 직물의 크기가 작아 전체 무늬의 종류를 판별하기는 어려우나 능선의 성격상 경사 방향으로 산형(山形)이나 기하무늬를 사용해서 제직했을 것으로 짐작된다. 고령 지산동 제45호분과 부산 복천동 제84호분에서 발견된 능직물은 평지능문의 기이다. 무령왕릉 출토 능지능문의 기(綺)도 같은 조직 구성을 가지고 있다.

라조직은 경사 4올을 1조로 하여 제직하는 직물로 무늬가 없는 무문라와 무늬가 있는 문라가 모두 확인되며, 경사 2올로 제직된 것은 사직(紗織)으로 구별하는데 무늬 부분에서 발견되며 독립된 사직물로 판단하기 어렵다. 부산 복천동 제84호분, 합천 옥전 M1호분, 함안 도항리 제8호분에서 발견되었으며 주변국인 백제 능산리 제36호분과 통일신라시대의 불국사 석가탑에서도 라직물이 발견되었다.

중조직인 금은 경사에 선염(先染)된 색사(色絲)를 사용하여 제직하는 것으로 평조직 바닥에 무늬를 넣은 것은 평지경금(平地經錦), 능조직 바닥에 무늬를 넣은 것을 능지경금(綾地經錦)이라고 한다. 합천 옥전 M3호분과 M4호분에서 발견된 금은 경사 방향으로 색사와 무늬를 둔 경금인데 문헌의 기록을 실증해 주는 자료이다. 신라 천마총에서 발견된 유물 중 경금이 확인되며 경금 이후에 등장하는 위금(緯錦) 유물로는 불국사 석가탑에서 발견된 위금과 고려시대 봉생리탑 사리구에서 발견된 보상화무늬 위금이 존재한다.

2. 직물이 발견된 유물의 유형

발견된 직물의 대부분은 원형이 아닌 직물의 편(片)이고 금속인 모체와 함께 발견된 것이다. 금동관모, 갑옷, 과대 등의 복식류와 은장철모, 꺾쇠, 화살통장식, 유자이기 등 다양한 구성의 금속품의 한 부분에 부착되어 존재한다. 직물은 복식을 구성하는 각 의복의 재료가 되는 기본적인 쓰임과 함께 의식주 전반에 걸쳐 사용되었음은 동반 유물들을 통해 짐작할 수 있다.

IV. 정리하며

옛 문헌에 보이는 고대직물의 명칭을 조사하다 보면 자연스럽게 실물 자료는 과연 어떤 모습일까라는 의문을 갖게 된다. 이 의문에 대한 답은 여러 형태로 다가오는데, 전국 각지의 발굴 현장에서 발견되는 유물들이 그 중 중요한 부분이다. 발견되는 직물들이 온전한 형태를 가진 것을 확인하기 어렵고 대부분이 직물의 편으로 존재하기에 직물의 종류와 제직 방법에 대한 기본 정보는 얻을 수 있으나 직물의 너비와 단처리 방법, 무늬의 종류와 배열, 직물의 색상 등은 알기 어렵다. 모든 궁금증을 해소하기는 힘들지만 대체로 어떤 경향을 갖는지는 파악할 수 있다. 발견되는 직물의 쓰임을 이야기할 때, 직물이 단독으로 존재하는 것이 아니라 대부분 금속을 모체로 하여 함께 발견되므로 의복으로 만들어지거나 그 외 독립적으로 어떻게 만들어지고 쓰였는지 알 수 없는 한계가 따른다. 고대직물에 대한 전반적인 경향이 이런 상황인데, 가야라는 특정 시대를 논하는 것은 더욱 힘들고 조심스러운 현실이다. 이와 같은 어려운 상황에서도 가야직물은 여러 측면에서 발견과 연구가 진행되고 있으며 최근 직물의 복원, 나아가 복식의 복원과 활용이라는 성과를 내고 있음은 반가운 일이다.

참고문헌

고령군, 1979, 『대가야고분 발굴조사보고서』.

경상대학교박물관, 1990~2000, 『陜川玉田古墳群 I～IX』.

국립김해박물관, 1998, 『국립김해박물관』.

국립부여박물관, 2010, 『고대직물』.

김연미·민보라, 2010, 「4-6세기 수착직물의 분포유형과 해석」, 『고대직물』, 국립부여박물
　　관, pp.148-157.

동의대학교박물관, 2000, 『金海良洞里古墳文化』.

박윤미, 2002, 『伽倻古墳의 銹着織物에 관한 硏究』, 경상대학교 박사학위논문.

＿＿＿, 2003a, 「伽倻의 靭皮纖維織物에 관한 연구」, 『민속학연구』 Vol.13, pp.93-94.

＿＿＿, 2003b, 「伽倻와 古墳時代의 麻織物의 比較硏究」, 『아시아 民族造形學報』 Vol.4,
　　pp.99-126.

＿＿＿, 2004, 「伽倻와 日本 古墳時代의 絹織物의 比較硏究」, 『아시아 民族造形學報』
　　Vol.5, pp.61-80.

＿＿＿, 2008, 「신라 5-6세기 임당고분군 직물의 특성」, 『服飾』 Vol.58, No.1, pp.9-16.

박윤미·정복남, 1999, 「伽倻의 織物에 관한 硏究」, 『服飾』 Vol.49, pp.85-93.

＿＿＿, 2001, 「아라가야와 대가야 고분군의 수착직물」, 『服飾』 Vol.9, No.5, pp.73-83.

＿＿＿, 2007, 「대가야직물의 특성과 제직기법」, 『服飾』 Vol.57, No.1, pp.163-175.

박윤미·최재현, 2009, 「고령 지산동 제73호분 출토 직물의 특성」, 『服飾』 Vol.59, No.6,
　　pp.118-125.

\<부록\> 가야 고분별 발견 직물의 성격과 참고자료

연번	고분명		시기	유물명	수량	직물종류	직물조직	참고자료
1	고령 지산동고분군	제32호분	5C 전반	고리	1	마	평직	ㄴㅁ
				등자	1	마	평직	
				찰갑	1	마	평직	
2		제2호분	5C 1/4-2/4분기	철탁	1	마	평직	ㄴㅁ
					1	견	평직	
					1	견	평직	
					1	견	평직	
					1	견	평직	
					1	견	평직	
3		제30호분	5C 중반	화살통장식[盛矢具]	1	마	평직	ㄴㅁ
					1	-	평직	
					1	마	평직	
4		제30-2호분	5C 중반	금동관	1	-	평직	ㄴㄷㄹㅁ
					1	견[초]	평직	
					1		평직	
					1	대마사	실	
5		제44호분	5C 4/4분기	안교	1	마(대마)	평직	ㄴㄷㅁ
				십금구(좌측)	1	-	평직	
				십금구(우측)	1	-	평직	
				철정	1		평직	
6		제45호분	5C 4/4분기	철판	1	견	평직	ㄴㄹㅁ
					1	견	능직	
7		제6호분	5C	철탁	1	마(대마)	평직	ㅁ
8		제12호 석관묘	5C	철부	1	마	평직	ㅁ
9		석곽18호	5C	쇠창	1	마	평직	ㅁ
10		제26호분	5C	철부	1	마(대마)	평직	ㅁ
					1	마(저마)	평직	
					1	마(저마)	평직	
					1	마	평직	
					1	견	평직	
11		제110호분	5C	도자	1	마	평직	ㅁ
12		제114호분	5C	검형철기	1	마	평직	ㅁ
13		제73호분	5-6C	칼집 끝 장식(KJ73-1)	3	마(저마)	평직	ㅂ
						견[초]	평직	
				꺾쇠(KJ73-2)	35	마(대마)	평직	
				운주(KJ73-3)	1	견[초]	평직	
						견	(변화)평직	
				금동 띠금구(KJ73-4)	1	견(경금)	중조직	
				관모장식(KJ73-5)	6	마(대마)	평직	
						견[초]	평직	
						견	(변화)평직	
						견(경금)	중조직	
14	산청 생초고분군	M13호분	6C 전반	안장(23)	1	마(대마)	평직	ㅁ
				꺾쇠(24)	1	마(저마)	평직	
				꺾쇠(32-1)	1	마(저마)	평직	
				꺾쇠(32-2)	1	마(저마)	평직	

연번	고분명		시기	유물명	수량	직물종류	직물조직	참고자료
14	산청 생초고분군	M13호분	6C 전반	꺾쇠(32-3)	1	마	평직	ⓜ
				꺾쇠(32-4)	1	마(저마)	평직	
				꺾쇠(33)	1	견(초)	평직	
					1	견	평직	
				꺾쇠(34)	1	견(초)	평직	
						견	평직	
				꺾쇠(35-1)	1	마(저마)	평직	
				꺾쇠(35-2)	1	마(대마)	평직	
				꺾쇠(35-3)	1	마(저마)	평직	
				꺾쇠(36-1)	1	마(대마)	평직	
				꺾쇠(36-2)	1	마(대마)	평직	
				꺾쇠(37)	1	마(대마)	평직	
				꺾쇠(39)	1	견(초)	평직	
				관정(48)	1	마(저마)	평직	
				대도	1	마(저마)	평직	
15		M13호분내부수습	6C 전반	꺾쇠(1)	1	마(대마)	평직	ⓜ
				꺾쇠(2)	1	견사	-	
				꺾쇠(3)	1	마	평직	
				꺾쇠(4)	1	마(대마)	평직	
				꺾쇠(5)	1	마(대마)	평직	
				꺾쇠(6)	1	마(대마)	평직	
				꺾쇠(7)	1	견(초)	평직	
				꺾쇠(8)	1	마(저마)	평직	
				꺾쇠(9)	1	마(대마)	평직	
				꺾쇠(10)	1	마(저마)	평직	
				꺾쇠(11)	1	견(초)	평직	
16		제9호분	6C 후반	동경	1	마(저마)	엮음직	ⓒⓡⓜ
					1	견	평직	
					1	견	평직	
				동경 표면흙	1	견(초)	평직	
					1	견(초)	평직	
					1	마	평직	
					1	견(라)	익직	
					1	견(라)	익직	
				대도 주변흙	1	-	평직	
17	김해 양동리고분군	제200호분	2C 후반-3C 초반	동모	1	마(대마)	평직	ⓛⓒ
18		제340호분	2C 후반-3C 초반	청동경	1	마	평직	
19	부산 복천동고분군	제38호분	4C 초	투구 볼가리개	1	견	평직	ⓛ
20		제84호분	4C 초	화살촉	3	견	능직	ⓛⓡ
20	부산 복천동고분군	제84호분	4C 초	화살촉	3	견(라)	익직	ⓛⓡ
						견	평직	
21		제22호분	5C 전반	철기	1	마(저마)	평직	ⓒ
22	함안 도항리고분군	제36호분	5C 전반	유자이기	1	-	평직	ⓛ
23		제44호분	5C 전반	철제집게	1	-	평직	ⓛ
24		제37호분	5C 중반	과대	2	마(대마)	평직	ⓛⓒ
						-	평직	

연번	고분명		시기	유물명		수량	직물종류	직물조직	참고자료
25	함안 도항리고분군	제15호분	5C 후반	화살통장식		1	–	평직	ⓛ
26		제38호분	5C 후반	과대		1	마(대마)	평직	ⓛⓒ
				유자이기		1	–	평직	
27		제39호분	5C 후반	화살통장식		1	–	평직	ⓛ
28		제54호분	5C 후반	화살통장식		2	–	평직	ⓛ
				초미금구		1	–	평직	ⓛ
29		제4호분	6C 전반	행엽		1	–	평직	ⓛ
30		제8호분	6C 전반	금동장식		1	견(라/사)	익직	ⓛⓔ
				화살통장식		3	–	평직	
31	합안 옥전고분군	제23호분	5C 전반	복발		1	–	평직	ⓙⓛⓒ
				투구		1	–	평직	
				투구 볼가리개		1	–	평직	
				말안장		1	–	평직	
				꺾쇠		1	–	평직	
				금동관모		1	마(대마)	평직	
						4	견	평직	
32		제67-A호분	5C 전반	유자이기		2	–	평직	ⓛ
				집게		1	견	평직	
				꺾쇠		1	견	평직	
33	합천 옥전고분군	M1호분	5C 3/4분기	투구A		1	견	평직	ⓙⓛⓒⓔ
				투구B	지판	1	마(저마)	평직	
					복발	1	–	평직	
				경갑		1	–	평직	
				투구형철기		3	견	평직	
						2	마(저마)	평직	
				초모금구		2	견	평직	
				투구형철기		1	–	평직	
				심엽형금구		3	견(라)	익직	
						1	–	평직	
				귀면문금구편		1	마(대마)	평직	
						1	견(라)	익직	
				화살통장식		3	견	평직	
						8	–	평직	
						3	마(대마)	평직	
						1	마(저마)	평직	
				유자이기		1	–	평직	
				꺾쇠		1	–	평직	
				안욕걸림쇠		1	–	평직	
				등자		5	–	평직	ⓙⓛⓒⓔ
						3	마(대마)	평직	
				운주		2	–	평직	
				교구		2	–	평직	
				과대		13	마(대마)	평직	
						1	견(라)	익직	
						1	견	평직	
34		제5호분	5C 3/4분기	화살통장식		1	–	평직	ⓛ

연번	고분명		시기	유물명		수량	직물종류	직물조직	참고자료
35		제28호분	5C 3/4분기	초미금구		1	-	평직	㉠㉡
				말갑옷		3	-	평직	
36		제35호분	5C 3/4분기	투구	지판	1	-	평직	㉡㉢
						1	마(저마)	평직	
					소찰	2	-	평직	
						1	마(대마)	평직	
				대도		3	-	평직	
				도자		2	견	평직	
						1	마(대마)	평직	
						1	마(저마)	평직	
				화살통장식		1	마(대마)	평직	
						1	마(저마)	평직	
						1	견	평직	
						1	견	(변화)평직	
						3	-	평직	
37	합천 옥전고분군	M3호분	5C 4/4분기	두갑A지판		1	-	평직	㉠㉡㉢㉣
				소도		1	-	평직	
				도자		1	-	평직	
				유자이기		4	-	평직	
						2	견	평직	
						1	견(능)	능직	
						1	견(경금)	중조직	
						3	마(저마)	평직	
				고삐		1	-	평직	
				말방울[馬鈴]		4	-	평직	
				덩이쇠		5	-	평직	
38		제20호분	5C 4/4분기	투구 首尾部 가리개		1	-	평직	㉡
				화살통장식		1	-	평직	
				마갑B 소찰		2	-	평직	
39		제85호분	6C 1/4분기	불명철기		1	-	평직	㉠㉡
40		M7호분	6C 1/4분기	불명철기		1	-	평직	㉡
41		M4호분	6C 1/4분기	유자이기		1	-	평직	㉠㉡㉣
				화살통장식		1	-	평직	
41	합천 옥전고분군	M4호분	6C 1/4분기	화살통장식		2	견	평직	㉠㉡㉣
						1	견	(변화)평직	
						1	견(경금)	중조직	
42		제75호분	6C 2/4분기	화살통장식		2	-	평직	㉡㉢㉣
				유자이기		1	견	평직	
						1	마(대마)	평직	
43	김해 예안리고분군	제58호분	6C 중반	철겸		1	마(저마)	평직	㉢
44		제60호분	6C 중반	철기		1	마(저마)	평직	㉢

㉠ 박윤미·정복남, 1999, 「伽倻의 織物에 관한 硏究」, 『服飾』 Vol.49, pp.85-93.
㉡ 박윤미, 2002, 『伽倻古墳의 銹着織物에 관한 硏究』, 경상대학교 박사학위논문.
㉢ 박윤미, 2003, 「伽倻와 古墳時代의 麻織物의 比較硏究」, 『아시아 民族造形學報』 Vol.4, pp.99-126.
㉣ 박윤미, 2004, 「伽倻와 日本 古墳時代의 絹織物의 比較硏究」, 『아시아 民族造形學報』 Vol.5, pp.61-80.
㉤ 박윤미·정복남, 2007, 「대가야직물의 특성과 제직기법」, 『服飾』 Vol.57, No.1, pp.163-175.
㉥ 박윤미·최재현, 2009, 「고령 지산동 제73호분 출토 직물의 특성」, 『服飾』 Vol.59, No.6, pp.118-125.

「출토 가야직물의 고고학적 성격」에 대한 토론 및 '고고학과 고대직물 연구'에 대한 제언

안보연 국립문화재연구소 문화재보존과학센터

가야직물 연구는 2002년 박윤미의 '가야고분의 수착직물에 관한 연구'부터 본격적으로 시작하였다. 이후 고대직물에 대한 인식이 확장되면서 박물관에 수장된 유물을 재검토하여 직물자료가 새롭게 추가되어 보고되기도 하였다.

이번 학술대회의 '출토 가야직물의 고고학적 성격' 주제 발표를 통해, 고령 지산동고분, 산청 생초고분 등 44기의 가야 고분에서 출토된 직물을 중심으로 고화질의 사진자료를 통해 가야직물의 특성을 여실히 보여주었다. 직물의 종류로는 초, 평견, 경금, 능, 라 등으로 정리할 수 있으며, 상당히 많은 양의 마직물이 확인되기도 하였다. 특히 주목할 만한 조사 결과로는 5~6세기로 편년되는 고령 지산동고분의 금동 띠금구의 경금, 합천 옥전고분군의 M3호분에서 출토된 유자이기(有刺利器)의 경금, M4호분의 화살통장식의 경금을 비롯하여 익조직의 라직물도 확인되었다.

최근의 국내 연구 동향을 고려해보면, 낙동강 유역의 고분문화로 대표되는 가야에 대한 고고학적 연구가 활기를 띠고 있다. 최근 별자리, 상형토기가 출토된 함안 말이산고분군이 조사되면서 가야 문화는 한층 주목을 받고 있다. 반면 10여 년이 지나도록 가야지역에서 출토된 새로운 직물 자료가 없다는 데에는 아쉬움이 있다. 이에 본 토론은 선행연구에 대한 현재의 가야직물 연구 현황에 대한 질문과 앞으로 고대직물 연구의 방향에 대한 제언을 하고자 한다.

1. 직물 기초 조사 자료에 대한 재검토

고대직물 연구는 직물의 기초 조사가 철저해야 한다. 유연성과 탄성이 없는 직물 상태이기 때문에 보편적인 직물의 상태와는 큰 차이가 난다. 직물의 보존 특성상 사진만으로, 관련 전공자들의 판단을 기대하기 어렵다. 이에 최대한 객관적인 자료를 제공함으로써 자료에 대한 신뢰도를 높여야 한다. 육안이나 실체현미경을 통해 실의 꼬임, 실 두께, 밀도 등 기초 자료를 정리할 필요가 있다. 또한 소장처와 행정적인 절차를 걸쳐 직물의 단면 분석이나 적외선분광분석을 통해 과학적 데이터를 보완하여야 한다. 가야 고분의 제직 특성에 대한 기초 데이터베이스를 구축한 후에 고고학적 통계방법을 적용하여 지역적 분포, 이동 경로 등을 유추해낼 수 있다. 특히 가야지역의 출토 직물을 통해 한반도 남부까지 직물의 생산과 이동 경도를 밝힐 수 있기 때문에 고대직물 연구에 있어 매우 중요하다.

2. 출토 직물 해석의 문제

고고학계에서 고대직물 연구를 통해 기대하는 것은 유적의 시기, 유적의 가치이며, 세부적으로는 직물의 사용 목적이다. 금(錦)조직이나 라(羅)조직과 같은 특이한 제직 기법을 제외하고 유적의 시기를 명확히 밝히는 데에는 무리가 따른다. 그러나 아무리 작은 직물 조각이라도 직물이 어떻게 사용되었는지는 직물이 붙어 있는 유물이나 함께 부장된 유물을 통해서 유추할 수 있다. 유물을 덮거나 감싸는 포장의 용도로 사용되었는지 아니면 유물을 장식하는 용도인지, 복식품의 일부인지, 아니면 제작 과정과 관련된 것인지 밝히는 데 주력할 필요가 있다. 현재까지 확인된 직물이 확인되는 가야 고분의 유물의 종류는 대체로 한정적이다. 화살통 장식, 초미금구, 갑주, 동경, 안교, 과대, 행엽, 등자, 운주 등으로, 고분 발굴현장에서 확인되는 보편적인 부장품이다. 대부분의 경우 부장품을 덮는 용도로 직물을 사용했을 것으로 여겨지는데, 관모나 신발, 과대 등의 금속제 장신구에서 확인된 직물 편은 복식품의 일부일 가능성을 열어두고 접근할 필요가 있다. 최근 고고학계의 연구 자료를 참고로 보면 갑옷에 직물이 붙어 있는 경우도 상당하며, 직물이 놓인 위치 및 방향, CT X-선 등을 활용한 중첩구조에 대한 관찰 등 최대한 면밀히 살펴 직물이 어떻게 사용된 것인지 구체적으로 기술하고 판별해내야 한다.

직물은 씨실과 날실을 엮어 만든 것으로 다채로운 색실, 문양이 더해져 화려한 장식 재료를 대표한다. 그러나 우리가 수장고에서 마주할 수 있는 고대직물은 금동신발이나 철기 유물의 녹으로 코팅된 아주 작은 직물 편에 불과하다. 실크로드 사막이나 알타이의 영구동결대와 달리, 화려한 색채가 남아 있는 직물이 출토되는 경우가 거의 없다. 이마저도 보존 환경 조건이 유지되지 않으면 산화되어 흔적도 없는 사라지는 경우도 있다. 그러나 작은 직물 조각임에도 고대직물 연구가 중요한 이유는 직물에 대한 공예적 가치나 미적 가치보다도 역사적 가치에 무게를 두기 때문이다. 2019년 가야학술제전『가야직물 연구』학술심포지엄을 계기로, 가야 직물에 활력을 얻어 심도 있는 연구 결과가 도출되기를 기대해본다.

2

대외교류사적 관점에서 본
고대 Ikat 직물과
가야직물과의 관련성

권영숙 부산대 의류학과 명예교수

I. 서언

1. 왜 Ikat인가?

1) 가야직물의 사료 부족과 대외교류사적 대응

가야시대 직물자료는 주변의 신라, 백제 등의 출토직물 자료에 비해 자료가 극히 부족하고 출토직물 거의 대부분이 모두 금속류 등에 붙어 있는 수착직물이므로 그 형태가 평견직물을 제외하고는 거의 불분명하여 의생활의 화려함 정도를 유추할 수 있는 직물 무늬나 제직법을 고찰하기가 어렵다. 본 연구는 이러한 연구의 제한성을 극복하기 위하여 출토유물 외의 다른 유물이나 기록을 통한 대외교류사들을 참고로 한국 고대 가야시대 직물문화사를 추정해 보고자 한다.

복식문화사적 관점에서 볼 때 직물에 표현된 문양 중에는 같은 시기의 도자기나 금속유물에 사용된 문양들과 유사하거나 같은 문양을 사용한 예가 많으며 특히 당초문과 보상화문들은 시대가 변함에 따라 외형의 크기와 약간의 형태 변화만 주어질 뿐 오늘날에 이르기까지 변함없이 즐겨 사용하고 있는 전통문양이다. 특히 사료가 부족한 가야시대의 직물연구는 도자기와 금속류에 표현된 문양의 형태를 중심으로 당시의 대외교류사적 측면에서의 비교 연구가 필요하다. 또한 바다를 기반으로 생활하여 온 가야인들의 생활에 비추어 해상활동을 통한 국내외와 대외교류 활동이 빈번하였던 인근의 일본과 신라와의 대내외적 외교정책과 유물을 통한 비교 연구의 필요성은 불가피한 실정이다.

2) 고대 Ikat 직물은 문헌자료와 유물자료 모두 보유

한국 고대 Ikat 직물에 대한 언급은 문헌에도 잘 표현되고 있으며 유물 또한 일본 법륭사(法隆寺)에 보존된 한국계 Ikat 직물이 있어 비교적 형태와 문양을 잘 알 수 있다. 그러나 문헌 사료의 연대와 법륭사 유물, 그리고 가야의 시대적 범위가 가지고 있는 연대 간의 차이에 대하여는 그 중간단계의 형태를 유추할 수 있는 아시아 타 지역의 Ikat 직물사를 근거로 한 대외교류사적 연구를 통하여 부족한 가야시대의 직물문화사를 이해하는 데 도움을 줄 수 있다. 이것은 고대 한국사회에서 복식문화 변화주기에 영향을 끼치는 큰 사회적 변화가 없었으므로 1-2세기 정도의 시간적인 범위를 극복할 수 있다고 생각되기 때문이며 실제로 고문헌 기록을 통하여 삼한시대 복식이 통일신라기에 이르기까지 거의 외형적인 변화를 볼 수 없었음을 기록하고 있어[1] 고대 직물문화사 연구를 위해서는 보다 통시적이며 거시적인 관점에서의 연구가 필요하다.

3) 가야시대 해상루트를 통한 직물문화 유입의 가능성

고대 가야지역의 지리적 환경으로 미루어 해상루트를 통한 외래문화 유입은 자연적인 현상이고 이러한 지역 환경이 만들어 내는 가야지역 고유의 문화는 타 지역과 구별되는 지역특성을 가지고 있음을 고고유물 문화사적 관점에서 이해할 수 있다. 이와 관련해서 직물문화는 가야와 일본 고대의 문화교류의 흔적들을 통하여 알 수 있으며 본 연구는 한국 고대 Ikat 직물이 어떻게 일본으로 전래되어 현재 법륭사 유물로 남아 있게 되었을지에 대한 가능성을 제시하여 고대 한국 Ikat 직물의 근원과 유통경로를 이해하는 데 도움이 되는 몇 가지의 단서들을 제공하고자 한다.

Ikat 직물은 인도에서 발생하여 동남아시아 지역을 비롯한 아시아 전체 지역으로 전파되어 오늘날에 이르기까지 그 명맥을 유지하여 온 남방계 직물유형에 속한다. 고대 중국으로부터 유입된 화려한 금직물이 아니라 Ikat 직물의 재질감이 부여하는 신비감과 평직으로 짜여지는 직물이라는 점에서 우리 조상들의 정서와 풍토에 적합한 토산품으로 정착이

....
1   『삼국사기』 신라본기 제33권 志11 色服 01

된 것으로 여겨진다. 이후 Ikat 직물은 그 기술을 더하여 가야-신라계 지역특산물로 발달하여 중국을 비롯한 거란 지역 등의 진상품으로 호평을 받아 온 귀한 직물로 문헌기록에 남아 있는 것으로 생각된다. 본 연구는 당시 법륭사에 헌납되어 전해 내려온 한국계 Ikat 직물과 현재 동남아시아 지역 중에서도 인도네시아 지역을 중심으로 고대인도 Ikat 기술이 오늘날까지 전통직물로 이어져 왔다는 점에 착안하여 실 유물들을 통한 한국계 Ikat 직물의 특성을 일본에 남아 있는 법륭사 유물을 중심으로 살펴보고자 하며, 동시에 당시 Ikat 직물이 인도에서 아시아 지역 남부 해상루트를 통하여 가야지역으로 전래되었을 가능성을 찾아보고자 한다.

연구방법은 보다 통시적이며 거시적 관점에서 유물이 부족한 가야시대 복식문화의 흐름을 유추하고자 하며 복식문화 형성의 보편성과 특수성을 염두에 두고 당시 가야문화권이 가지고 있었던 사회문화적 배경과 고고학 분야의 연구 성과들을 기반으로 가야를 둘러싼 주변국과의 관계를 알아보아 가야시대 직물문화사의 흐름을 유추하고자 한다.

II. 가야시대 대외교류

3세기 가락국은 철 생산과 해상교역을 바탕으로 대국(大國)으로 성장하면서 일본과 서북한 한군현(漢郡縣)과 활발한 해상무역활동을 하였으며(『삼국지』 왜인전(倭人傳)), 삼국지(三國志) 한전(韓傳)의 가락국기(駕洛國記)에는 변진사회 법속이 극히 엄격하였으며 당시 가야사회의 제도와 질서가 이미 체계화되어 있었음을 알 수가 있으나 다만 사료 부족으로 인하여 연구가 활성화되지 않은 것으로 생각된다.

1. 북방계 문화와의 대외교류

가야시대 북방문화와의 관련성은 우리 문화의 원류가 북방 스키타이계에서 비롯되었다는 사실에 근거하여 그간 많은 고고유물학적 연구들이 이를 증명하고 있다. 특히 대성동고분에서 출토된 금동제 대구 등과 같은 유물들은 이를 증명할 수 있는 단서들을 제공하고 있으며, 이 외의 많은 연구결과들은 북방계 문화와 관련성을 말해준다. 또한 복식학계에 있어서도 삼국시대 우리 복식의 원류가 북방 스키타이계 양식에서 비롯된 고습(袴褶)제와 전개(展開)형 의복의 특성을 가지고 있음을 정설로 받아들이고 있다.

고대 한국 문화사에 있어 북방계 양식적 요소들은 수렵생활을 통한 원시 샤먼적 신앙에서 비롯된 호랑이, 사슴 등의 동물의장들을 즐겨 사용하였다. 이 같은 스키타이계 양식의 의장은 장수와 길복과 호신을 염원하는 상징문양으로 의복의 장신구에 사용되었다.

문헌기록에 의한 중국과의 대외교류의 역사는 신라시대부터 본격적으로 이루어진 것으로 나타나고 있으나 고고 유물자료들은 역사적인 기록을 훨씬 앞지르는 기원전부터 북방문화와의 교류 흔적을 알 수 있다. 1세기 전후의 우리나라 고대사회의 역사를 알 수 있는 기록 자료들은 거의 없으므로 당시의 고고학적 유물과 대외교류사적 관점에서 후속 연구를 통하여 상호 면밀한 관련성을 찾아 그 면모를 밝혀야 한다.

2. 신라와의 대외교류

가야와 신라 간의 대외교류는 상당히 우호적, 신뢰적 관계 속에서 이루어졌으며[2] 상호간의 문화수용의 범위와 영역은 직접적인 문화전파로서 타 지역보다는 훨씬 더 밀접한 연관성을 가지고 있었다. 이러한 현상은 가야지역의 고고유물을 다룬 연구에서 가야계, 신라계로 구분지어서 따로 분류하기보다는 가야-신라계로 함께 묶어서 다루는 사례가 많으며 (신경철 2000), 금관가야 합병(532) 시기인 6세기 중후반 이후는 가야-신라계는 따로 뗄 수 없는 직물문화를 공유하였다고 생각된다.

가야와 신라의 교역 루트는 주로 울산 지역을 중심으로 이루어졌으며 박진혜(2019)는 삼국시대와 통일신라시대 울산 지역의 도로에 관한 연구에서 "울산은 신라가 고대국가로 성장 발전하는 데 중요한 지역이었으며 신라의 수도인 경주(왕경)와 금관가야의 거점 지역이자 통일신라시대의 금관소경인 김해 사이의 중간 지역이라는 중요한 지정학적 위치에서 … 중앙거점인 경주와 지방거점인 김해, 부산 지역 간의 교류뿐만 아니라 국제항구로서 동해에서 형상강과 태화강으로 이어지는 수상 교통로를 이용, 중국, 일본과의 교류가 이루어졌다"고 하였다. 실제 이를 증명할 수 있는 여러 가지 사료적 근거들은 3세기 말에서 4세기에 걸친 김해 예안리고분과 복천동고분군에서 울산과 경주 지역을 중심으로 발굴된 유물들을 통하여 알 수 있다. 이는 4세기 후반부터 울산 약사동 북동유적과 하삼정유적에서 출토된 외래계 유물들이 김해 지역으로부터 전해진 것으로 알려져 있다.

3. 일본과의 대외교류

고대 일본에서의 가야인들의 활동을 예견할 수 있는 많은 자료들은 『국조본기』『신찬성씨록』『일본서기』 등을 통하여 잘 알 수 있으며(김영식 2000) 고대 한국의 가야인들은 가야 건국 이전부터 왜와 교류를 해왔다. 건국 이후에는 여러 가지 정치, 사회, 경제적 여건에 따라 지배층의 일

....

2   201년, 2월 가야는 신라에 화친을 청하였으며 209년 신라가 가야에 병사를 보내기도 함.

부가 일본으로 이주하여 일본 고대국가 문화형성에 많은 영향을 주었을 것으로 생각되며 이를 증명할 수 있는 사실은 고대로부터 현대에 이르기까지 규슈지방을 중심으로 교토, 나라, 오사카 지역에 씨족을 형성하여 살고 있는 한국계 일본거주민들을 통하여 잘 알 수 있다. 이들 씨족의 이름들은 당시의 가야지방의 나라 이름과 연계된 성씨를 가지고 있으며 규슈 지역 주민의 2%에 해당하는 씨족공동체를 형성하여 살아오고 있다. 이들은 당시 일본 고대사회에 영향을 끼친 백제계, 신라계, 가야계의 한국인들 중에서 가장 많은 영향력을 끼친 집단임을 출토 유물과 인구분포를 중심으로 한 연구가 보고되고 있다(김문길 2003, 31).

일반적으로 가야-신라계 유물의 왜와의 교류는 가장 안전하고 짧은 루트로 동래와 김해 지역을 중심으로 하는 해상루트가 알려져 있는데 이는 한반도 남해안에서 대마도를 거쳐서 일본 북쪽 규슈지방 해안으로 교역이 이루어진 것으로 보고 있다. 우리나라에서 전래된 교역품들 가운데 도자기와 직조 기술은 선진화된 기술로 전파되었고 주로 신라계와 백제계 한국인들이 일본에 영향을 끼친 것으로 알려져 있다. 그러나 기록 문화보다 훨씬 이전부터 우리나라 남부 지역은 일본과의 활발한 해상교역이 가야 – 신라계 한국인들을 중심으로 이루어졌음을 알 수 있는 많은 고고유물 자료들이 이를 증명하고 있어 당시 이들은 일본 고대 문화형성에 많은 영향을 준 것으로 보고되고 있다. 또한 현재 규슈지방에 존재하는 있는 한국악(韓國岳)이라는 이름은 가라구니 다케라고 명명하고 있으며 여기서 가라는 '가락'을 의미하는 가야의 지방 명에서 그리고 구전에 의하면 "가라"라는 의미는 당시 일본 사회에서 "선진문화를 지닌 국가"라는 의미로 사용되고 있어 고대 일본 사회에서 가락국의 문화수용 정도를 알 수 있다.

고고학계에서는 당시 가야와 일본의 교류는 금관가야 시기에 최전성기를 이루었으며 백제계 문화가 전파되기 전 약 1세기 정도 앞서서 일본 규슈지방에 가야권의 문물들이 전래되어진 것으로 알려져 있다.

4. 남방계 문화와의 대외교류

고대 인도사회와 가락국과의 연계 가능성은 불교 문화적 요소와 함께 가야인들에게 전래되어 왔음을 연구한 자료들이 이미 많이 보고되어 있다(Wang 2005).

가야지역은 현재 부산항과 마찬가지로 한반도의 지역 여건상 해로를 통한 외래문화의 수용이 예나 지금이나 별로 차이가 없을 것으로 추정되며 9세기에 해상무역의 왕으로 알려진 장보고의 무역항로는 중국과 일본을 넘어 서아시아 지역에까지 이른다. 그러나 삼국시대 가야-신라계 출토된 외래계 고고유물들은 이미 해상루트를 이용한 동서양 간의 문물 교류가 삼국시대부터 이루어졌음을 시사하고 있다. 기원 전후 중국과 인도 간의 항해로에 대하여 무하마드 깐수는 인도 동남부의 황지(黃支)국이 한 무제 때(B.C. 140-87 재위) 한조와 해상교역을 진행하였으며 해상루트로 황지국-미얀마 서남해안-말라카 해협-수마트라 서북안-말레이반도 동안-일남(日南)-광주(廣州)…로 이어졌으며, 기원 전후 중국과 인도 간의 항해로에 대하여 후에는 동서 간의 교역이 더욱 활발하였음을 연구 보고하였다(무하마드 깐수 1992, 494-495).

일반적으로 인도에서 동남아시아와 아시아 남부 지역을 거쳐 한국으로 유입된 남방 유통 경로로는 인도로부터 인도네시아, 남아시아 지역을 거쳐 중국 남부 연안을 따라 한반도로 이어지는 해상루트와 중국 북부 지역을 경유하여 한국의 북방 지역을 거쳐서 들어온 북방루트의 두 가지 경로를 추정해 볼 수 있다. 가야의 지리적인 입지에서 유추해 볼 때 북방루트보다는 남부 해양루트를 통하여 더 많이 유입되었을 가능성이 크다. 그러나 중요한 것은 Ikat 직물이 그 어떤 경로로 유입되었든지 간에 인도문화적 요소로서 가야문화권에 유입되었을 가능성이 크다는 점이다. 왜냐하면 가야지역이 인도문화와 관계가 있을 것으로 추정하고 있는 다른 연구보고들과 마찬가지로 복식문화사적 관점에서도 Ikat 직물을 비롯한 다량의 유리구슬장식과 너른바지 등이 인도문화적 요소에서 유입된 것으로 추정되기 때문이며 이러한 사실은 고대사회에 있어서 가야문화권이 인접한 다른 지역의 문화와 차별화할 수 있는 주요한 아이템이 된다. 특히 Ikat 직물의 근원이 인도라는 점과 오늘날 Ikat 직물이 유통되고 있는 인도네시아 전통직물들과 중국 남부 지역인 해남지방 그리고 일본 오키나와 Ikat과 같은 유명한 각국의 전통직물들이 현대에 이르기까지 지역특산 직물로 잘 보존 유통되고 있다는 점은 당시 인도의 문물이 남아시아 지역을 거쳐 한국과 일본에 정착되었음을 알 수 있다. 삼국시대 한국의 우수한 Ikat 직물에 대한 문헌사료의 기록이 남아있고 일본 정창원 소장 한국계 Ikat 직물이 현대까지 잘 보존되고 있어 고대 직물사를 연구하는 데 주요한 단서가 된다. 그러나 이에 대한 후속 연구가 향후 더 다각화된 방향에서 다른 유물들과 함께 보완되어야 할 과제이다.

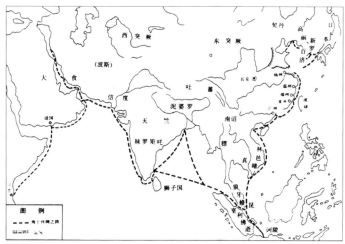

[그림 1] 실크로드 해상루트

[그림 2] 장보고 해상루트 신라 8세기

III. 고대 아시아 지역의 Ikat 직물

1. 고대 인도의 Ikat 직물

고대 인도 지역에서 유래된 Ikat 직물은 Ikat라는 용어 자체가 "묶다, 매다, 감다"의 의미에서 비롯되었다. 무늬를 내기 위하여 경사 또는 위사에 미리 방염 처리를 하여 무늬를 만든 다음 직조를 하는 기법이다. 어느 쪽의 실에다 방염을 하는가에 따라서 Ikat의 종류는 경사 Ikat과 위사 Ikat 그리고 Double Ikat로 분류되며 Double Ikat은 경, 위사 모두 방염 처리를 하여 무늬를 표현한 Ikat 직물을 말한다.

고대 인도 Ikat 직물의 자료는 5~6세기 인도 아잔타(Ajanta) 동굴에 다양한 Ikat 직물을 표현한 그림들에서 볼 수 있으며, [그림 3]에서 알 수 있는 바와 같이 Ikat 직물은 남녀 모두의 의복으로 착용되었고 주로 하의로 많이 이용하였다. 당시 Ikat 직물들은 경사 Ikat을 주로 사용하였으며 Ikat 직물에 표현된 문양들은 여러 가지 형태의 기하학적 무늬가 사용되

[그림 3] 인도 아잔타(Ajenda) 동굴벽화(5-6세기)

었는데 특히 왕비가 입고 있는 하의에 보이는 Ikat 직물의 문양은 꽃무늬로 보이는 작은 무늬가 마름모 안에 들어가 있다.

이같이 인도에서 유행하였던 Ikat 직물이 언제 우리나라에 전래되었는지에 대한 연구는 아직까지 미흡한 상태이지만 일반적으로 우리나라에 Ikat 직물이 전래된 것은 2세기부터 6세기까지 유행하였던 경사 Ikat 직조기술이 유입된 것으로 알려져 있다(Balaram 2018).

2. 고대 아시아 지역의 Ikat 직물의 유통

인도에서 발생된 Ikat 직물과 동남아시아와의 교류는 인도 마우리아 (Maurya) 왕조의 아소카(Ashoka)왕(B.C. 268-232) 이전인 기원전 7세기부터 인도 동부의 유명한 왕국인 칼링가(Kalinga)왕국을 중심으로 교류가 되었으며 이러한 교역을 통하여 아시아를 비롯한 세계 각 지역으로 확산되었다. 특히 동남아시아 지역과 교류가 활발하게 전개되었다고 한다(Balaram 2018). 이 같은 동남아시아의 인도화는 기원전 1세기부터 13세기에 걸쳐서 꾸준히 진행되었으며 인도로부터 불교 및 이슬람 문화와 함께 전래되었고 말레이제도를 중심으로 인도네시아 전역을 비롯한 아시아 지역으로 확대되었다. 특히 말레이시아와 인도네시아를 중심으로 하는 Ikat 직물의 직조기술은 인도 Ikat의 영향을 많이 받아 각 지역 특성에 맞는 디자인과 제작 방법으로 오늘날에 이르기까지 최고급 전통직물 소재로 정착된 것으로 여겨진다. 인도네시아 지역 중에서도 말레이시아 대륙과 인접해 있으며 동서 문물의 교역이 활발하게 유입된 북부 수마트라 지역이 당시 인도의 Ikat 기술을 보다 직접적으로 받아들인 것으로 여겨진다.

이 지역에서 생산되고 있는 Ikat 직물들은 문양과 제작 방법에 있어서 인도네시아인이 가지고 있는 뛰어난 수공예 기술과 잘 결합하여 현재까지 이 지역 특산물로 자리하고 있다. Karo Ikat을 비롯한 Tarutung Ikat 등 현재 인도네시아의 전통직물로 이 지역의 우수한 직물인 송켓 (Songket) 직물로까지 발전하여 오늘날에 이르고 있다.

송켓 직물은 금직물에 해당되는 직물로 인도네시아 북부수마트라 지역에서 생산되는 이 지역 전통직물이다. 송켓(Songket)의 어원은 송코 (Songko: 금실로 장식된 모자에서 유래)와 성킷(Sungkit: 자수에 사용하는 뼈 바늘)에서 유래하였다. 현재 인도네시아 북부수마트라 지역에서는 화려 한 색사와 금색사를 넣어 장식된 송켓 직물을 혼례식을 비롯한 예식행 사에 즐겨 입고 있다. 그리고 송켓 직물의 문양 중에는 우리나라 고대 직물로 일본 정창원의 "고려금(高麗錦)"으로 알려져 있는 보상화문과 유 사한 문양 배치와 형태를 보유하고 있는 것들도 있어 문양 분석에 의한 직물교류사적 연구가 Ikat 직물의 유통 경로와 함께 이루어진다면 부족 한 우리나라 고대 직물사의 비워진 부분들이 다소 해결될 것으로 생각 된다.

[그림 4] 정창원, 고려금, 8세기(심연옥 2006, 33)

[그림 4-1] 고려금 문양 재현, 8세기 (심연옥 2006, 34)

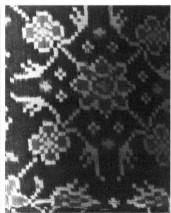
[그림 5] double Ikat, java섬, 1993 (Crill 1998, 14)

IV. 한국 고대 Ikat 직물

1. 문헌자료를 통하여 본 Ikat 직물

1) 기록 내용

문헌에서 보이는 고대 우리나라 Ikat 직물에 대한 기록은 『삼국사기』에 중국 당나라에 진상품으로 보낸 기록과 거란 등에 보낸 진상품의 품목에 나타나 있으며, 『삼국사기』와 중국의 『책부원구(冊府元龜)』, 『당회요(唐會要)』 등에 당으로 보낸 기록이 있다. 기록들을 살펴보면 723년(성덕왕22)에 "…여름 4월, 사신을 당에 보내 과하마 한 필·우황·인삼·다리·조하주(朝霞紬)·어아주(魚牙紬)…해표가죽·금은 등을 바쳤다[3]는 기록과 869년(경문왕9)에 "…말 2필·부금 1백 냥·은 2백 냥·우황 15냥·인삼 1백 근·대화어아금(大花魚牙錦) 10필·소화어아금(小花魚牙錦) 10필·조하금(朝霞錦) 20필·마흔새 흰 세모직 40필·설흔새 모시 40필·넉자…"[4]는 기록이 있다. 여기서 말하는 조하주, 어아주 등의 평견직물은 문양직물로 Ikat 직물이 가지고 있는 방염 기술로 만들어지는 자연스럽고 아련한 느낌의 고기이빨과 같은 무늬로 짜여진 Ikat 직물 효과에서 명명된 이름이 아닌가 생각된다.

한편 일본과의 교류에 대해서는 텐지왕(天智王)과 텐무왕(天武王) 때 신라에서 하금(霞錦)을 보낸 기록이 있다. 일본에서 이 하금은 일본의 태자간도(太子間道)와 비슷한 것이라 하였고 이 태자간도는 쇼토쿠태자(聖

....

3　夏四月, 遣使入〈唐〉, 獻果下馬一匹·牛黃·人蔘·美髢·朝霞紬·魚牙紬·鏤鷹鈴·海豹皮·金銀等. …. (『삼국사기』第8卷-新羅本紀8-聖德王-22年)

4　〈唐〉謝恩, 兼進奉馬二匹·麩金一百兩·銀二百兩·牛黃十五兩·人蔘一百斤·大花魚牙錦一十匹·小花魚牙錦一十匹·朝霞錦二十匹·四十升白㲲布四十匹·三十升紵衫段四十匹·四尺五寸 (『삼국사기』第8卷-新羅本紀8景文王-09年)

德太子)가 사용하던 Ikat 직물로 법륭사 소장 Ikat 직물 가운데 연대가 가장 앞서는 Ikat 직물로 알려져 있다.

2) 한국 고대 Ikat 직물의 품질 특성

상기의 기록과 같이 한국 고대 Ikat 직물의 명칭을 통하여 우리는 당시의 Ikat 직물에 대한 품질 특성을 잘 알 수 있다. 조하금(朝霞錦), 대화어아금(大花魚牙錦), 소화어아금(小花魚牙錦), 어아주(魚牙紬), 조하주(朝霞紬) 등으로 표현되고 있는 Ikat 직물들은 크게 금(錦)과 주(紬)의 형태로 제직되었다. 이러한 사실은 Ikat 직물이 평직으로 제직되는 특성으로 인하여 고대 당시 우리나라의 우수한 평직기술과 연계되어 쉽게 수용 발전시킨 계기가 되었고 나아가 이러한 우리 선조들의 직조기술이 가야-신라계 지역 특산물로 발전하여 온 것으로 추측된다. 다만 금직(錦織)으로 제직될 경우 일반 금직물(錦織物)과 다른 점은 Ikat 제직법에 의한 특수한 무늬효과(魚牙: 지그재그로 표현되어지는 무늬)를 보이는 점이다. 대화어아금, 소화어아금은 7~9세기 정창원 소장 유물들과 중국 당대 유물의 금직물에 흔히 보이는 크고 작은 꽃무늬를 보이나 어아문(魚牙紋)의 형태와 제직법에 대한 후속연구가 필요하다. 어아문의 형태가 Ikat 직물 특유의 무늬 주위에 나타나는 지그재그 무늬 효과에서만 붙여진 명칭인지 아니면 현재 인도네시아를 비롯한 아시아 지역의 Ikat 직물에서 흔히 나타나고 있는 지그재그 무늬에서 비롯된 것인지에 대한 연구 또한 상세하게 이루어져야 한다고 생각된다.

인도네시아 지역에서 이 지그재그 무늬는 물결 위에 비치는 햇빛을 따라 고요하게 움직이는 물결을 표현하는 의미로 사용되었으며,[5] 조하(朝霞)란 동이 트는 아침 해의 황색기운이 도는 붉은 태양빛을 의미하여 붙

....

5   인도네시아 바틱 문양 중의 하나인 "Tirto tejo"라는 무늬는 수면 위에 반짝이는 빛을 형상화한 무늬로 지그재그 문양으로 되어 있다.

여진 이름이다. 즉 인도를 비롯한 동남아 지역에서 생산되는 Ikat 직물의 대부분은 붉은색 바탕에 황색사 또는 금사를 섞어 짠 직물로서 전통예복으로 많이 입혀지고 있어 이는 색상이 가지고 있는 신성한 의미로 직조된 직물임을 알 수가 있다. 이 같은 사실은 우리나라의 경우, 통일신라시대 관영공방에서 조하방(朝霞房), 소방전(蘇芳典), 홍전(紅典) 등 염전(染典)과 직조방(織造房)에서 특히 홍색염을 중심으로 직물을 짜고 있었다는 점은 당시 아시아 지역을 중심으로 이러한 홍색계 직물에 대한 색의 상징성이 일반화되어 유통되었음을 잘 알 수 있다.

문헌 기록에 의하면 우리나라는 삼한시대 이전부터 섬세한 직물을 짜는 평직기술이 발달하였다고 한다. 이러한 평직의 섬세한 제직기술이 인도 지역에서 발생한 Ikat 직물의 섬세한 방염방법과 연계하여 아련하면서도 다양하게 표현되는 문양을 만들고 우리나라 정서에 맞는 전통직물로 발전된 것으로 생각된다. 즉, 인도로부터 유입된 초기 우리나라의 Ikat 직물은 통일신라시대에 이르러 화려한 직물문화를 꽃피워 우리나라 특산물로 중국과 일본에 보내졌음을 알 수 있다. 이를 증명할 수 있는 또 하나의 사실로 Ikat이 우리나라 고유의 우수한 전통직물임을 현재 중국 교과서에서도 확인할 수 있다.

2. 일본 법륭사 소장 한국계 Ikat 직물

1) 정창원의 금직물

정창원에는 한국계 금직물(錦織物)로 잘 알려져 있는 8세기 백지당 화문금(白地唐花紋錦)이 소장되어 있다. 이는 보상화문으로 되어 있으며 거울을 담은 상자의 안과 밖을 장식한 직물이다. 직물사에 있어 보상화문은 조선시대에 이르기까지 우리나라 상류계층의 의복 소재로 많이 사용되었으며 시대에 따라 무늬 크기와 디자인에 차이가 있으나 크게 변하지 않은 원형을 가지고 오늘날에 이르기까지 의복에 사용되는 친근한 문양이다. 당시는 주로 치마와 의복의 가선장식에 사용되었는데 당나라 영태공주묘 벽화에서도 이러한 가선장식을 볼 수가 있다. 통일신라 당시의 대화어아금(大花魚牙錦)은 큰 꽃무늬의 Ikat 직물로 당시에 유행하였던 금직물의 문양과 크게 차이가 없을 것을 추정된다.

또한 필자가 연구한 자료 중에 경주 천마총에서 출토된 통일신라시대의 금(錦)직물 가운데 바탕조직이 평직으로 제직된 경금(經錦)을 학계에 보고한 바 있다. 이는 두 가지 색의 색사를 경사로 사용한 경 Ikat의 가능성이 있으며 유물은 경사의 굵기가 0.12mm, 위사의 굵기는 0.227mm이며 경·위사 굵기 비는 1.89이고, 밀도는 172.7×76.2/inch로서 경·위사 밀도 비는 2.26으로 2배 이상 차이가 나는 섬세한 금직물이다. 문양의 크기가 매우 적어서 확실한 문양은 알 수 없지만 화문으로 보이는 사방연속 무늬로 추정할 수 있다. 외에도 몇 개의 Ikat 직물로 생각되는 자료가 있으나 보다 정밀한 후속연구가 필요하다.

2) 일본 법륭사 소장 Ikat 직물의 특성

일본 도쿄박물관에서 평생을 직물사 연구에 전념하면서 최근 법륭사 직물을 다루어 왔던 사와다(沢田むつ大) 선생의 진술에 의하면, 한국계 Ikat 직물(카스리)로 추정되는 직물의 특성 중에 중국계와 구분할 수 있는 것은 Ikat 직물의 문양과 방염을 위하여 실로 경사가닥을 묶을 때 묶여지는 경사 올의 수로 구분한다고 한다. 사와다 선생의 의견에 따르면 한국계 Ikat 직물은 경사 올의 묶음 단위가 6올인 데 비하여 중국계 Ikat 직물의 경우는 4올로 된 것으로 추정하였고, 한국계 Ikat 직물의 무늬는 사자문, 화문, 운기문(삼각 운기문), 그리고 윤곽선이 퍼지는 추상적 문양이 많이 보이는 반면 중국계 유물들은 전형적인 산의 형태에 마름모꼴과 같은 기하학적 문양이 많고 문양이 또렷하다고 하였다.

그리고 법륭사 소장 유물과 유사한 유물들이 중국의 사천 지역과 토

[그림 6] 적색바탕 화염보주 운기연속문, 경Ikat, 법륭사, (6올 묶음)

[그림 7] 짙은 갈색바탕 화문 연결문, 경Ikat, 법륭사, (4올 묶음)

란 지역에서 많이 보인다고 하였으며 특히 사천 지역은 직물 산지로 유명하고 붉은색 바탕에 금직이 유명하고 돈황 유물의 경우는 기하학적 문양이 많고 복잡하다고 하였다. 여하튼 법륭사에 소장된 한국계 Ikat은 불교적 요소가 깊으며 그 유통 경로를 정확히 알 수 있는 자료들은 지금까지 보고되어 있지 않지만 법륭사 유물의 성격상 중국의 사천 지역과 토란 지역의 Ikat 직물의 특성이 보이는 것으로 감안한다면 이 지역을 배경으로 하는 유통 경로와 유물 비교론적 측면에서의 학문연구가 필요하다. 법륭사 소장 한국계 직물들은 시기적으로 볼 때 백제와 가야-신라문화권에서 유입되었을 가능성이 깊지만 중국 해남성, 성도(成道), 사천, 토란(都蘭), 돈황(敦煌) 등 Ikat 유물이 보이는 중국의 지리적 위치에 따라 유물의 직조법과 문양들을 대상으로 하는 직물문화사적 접근으로 유통 경로를 탐색할 수 있다.

그러나 기원 전후의 가야문화권 형성 단계에서 Ikat 직물이 인도로부터 해양루트를 통하여 유입된 경로는 아시아 남부 해안로와 중국남부 연안을 거쳐 우리나라에 유입되었을 것으로 추정한다. 즉, 중국 남부 연안선인 광주와 해남성 등을 거쳐 우리나라 흑산도를 기점으로 가야, 신라문화권으로 유입되었을 가능성이 크다. 조흥국(1997)에 의하면 "고대 한국과 중국의 교역은 육로 외에 해로를 통해서도 이루어졌다. 그 해로는

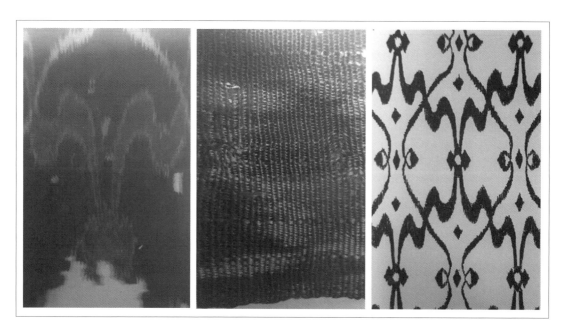

[그림 8] 법륭사 소장 한국계 Ikat 직물, 7세기, 적자색 바탕, 꽃무늬 운기 연속문, 경Ikat

a. 태자간도(太子間道)
화염보주 운기 연속문, 경Ikat

b. 적자색 바탕, 사자, 화염보주,
운기연속문, 경Ikat

c. b 문양복원도

[그림 9] 법륭사, 한국계 Ikat, 7세기

우회로(迂廻路)라고 불리는 연안항로 혹은 연해로와 직항로(直航路)라 불리는 황단해로 혹은 황단로의 두 가지 있었다. …"라고 언급하고 있다.

V. 결언

고대 Ikat 직물은 인도를 기점으로 동남아시아 일대를 비롯하여 아시아 지역에 널리 전파된 직물로서 우리나라에서는 조하금(朝霞錦), 조하주(朝霞紬) 등으로 알려져 있다. 그간 한국고대사에서 Ikat 직물은 그 직물의 우수성과 기술력을 알 수 있는 고급 직물로서 유통 경로를 비롯한 직물의 면모를 정확히 알 수가 없었으나 연구결과 다음과 같은 결론을 낼 수 있었다.

첫째, 가야복식 고증에 있어서 인도문화와의 관련성이다. 이는 우리나라 고대 Ikat 직물이 인도로부터 유입되어 인도네시아를 비롯하여 중국의 남부 해안 경로를 따라 우리나라 남해안으로 직접 유입되었을 가능성을 추정할 수 있기 때문이며, 이는 당시 유리나 다른 외래계 유물들의 유통 경로와 마찬가지로 Ikat 직물이 북방계루트로 유입된 시기보다 남방계루트를 통하여 유입된 시기가 더 앞설 가능성이 크다고 보기 때문이다. 또한 당시의 고대 가야지역은 삼국 중에서도 해상무역에 가장 능하였으며 북방루트와 남방루트를 이용한 외래 문물을 보다 다양하고 쉽게 받아들일 수 있는 지리환경적 여건을 갖추고 있었으며 특히 인도와의 문화교류는 불교문화와 함께 전래되었을 가능성이 깊다.

또한 가야 복식문화에 있어 인도문화적 요소로 볼 수 있는 또 다른 아이템으로는 다량으로 사용된 유리구슬 장신구와 폭 넓은 바지 등이 있다. 유리구슬의 경우는 김해 양동리고분군(5세기 초)에서 출토된 유리구슬장식과 고령 지산동고분군(5세기)에서 출토된 유리구슬의 성분이 포타

쉬 소다유리로 분석되어 생산지 추정 결과 이들의 분포지역은 한반도, 일본, 중국, 동남아시아, 인도 남부 등 다양하게 분포되었고 특히 인도의 아리카메두(Arikamedu) 지역에 집중적으로 분포되고 있어 유리제작의 중심지였을 가능성이 높다고 보고하였다(박준영 2015). 이 같은 결과는 현재 Ikat 직물의 분포지역과 거의 같은 계통을 가지고 있다. 이러한 사실을 뒷받침할 수 있는 자료로는 당시 인도의 아잔타 동굴 벽화인물들이 하의로 입고 있는 Ikat 직물과 그들의 목에 장식된 많은 양의 구슬 목걸이들과 연관이 있을 것으로 추정된다. 당시 인도문화가 동남아시아를 비롯한 아시아 지역으로 해양루트를 통하여 한국의 해안 지역에까지 전파되어 가야-신라지역에 정착하고 해양루트를 통하여 일본열도로 건너간 것으로 추정할 수 있다. 그러나 이러한 추정설을 뒷받침할 수 있는 보다 구체적인 유물적 접근과 함께 섬유 이외의 금속유물이나 문양적인 접근, 그리고 대외 문화사적인 관점에서의 고대 우리나라와 교류가 가능하였던 동남아시아 지역의 문물교류사에 관한 후속연구를 통하여 인도문화와의 연관성을 더 면밀하게 살펴볼 필요가 있다고 본다.

둘째, 한국 고대 직물사에 있어서 Ikat 직물의 중요성과 중국과 일본으로의 교역품으로서의 가치이다. 이는 고대 우리나라에 유입된 Ikat 직물이 우리나라 남해 지역을 중심으로 경제, 지리적으로 인접한 가야-신라계 문화권을 중심으로 꽃을 피워 통일신라시대에 품질이 우수한 토산품으로 정착되었다는 점이며 중국을 비롯한 일본 등으로 유통된 Ikat 직물에 대한 기록은 그 어떤 직물보다도 품질의 우수성을 제시하고 있다. 특히 가야지역은 지리적으로 인접한 일본과 해양루트를 이용하여 일본 규슈 지역을 중심으로 선진 가야문화를 일본에 전파하였음을 일본 규슈 지역에서 출토된 토기나 철제유물과 같은 고고학적 연구 성과들로 미루어 알 수 있었으며 직물문화 역시 같은 경로를 거쳐 유입되었을 것으로 추정할 수 있었다. 신라 통합 이전의 가야는 나름대로 독자적인 고유의 문화를 보유하였을 것으로 추정하며 6세기 신라 통합 이후 자체적으로 조하금(朝霞錦), 조하주(朝霞紬), 어아주(魚牙紬) 등과 같은 우수한 토산직물들이 발달되어 국·내외에 유통되면서 7-9세기에 걸쳐 화려한 직물문화의 꽃을 피워 상류층을 중심으로 널리 입혀졌음을 알 수 있었다.

따라서 우리는 이러한 Ikat 직물들이 가야-신라계 직물로서 화려한 면모를 가지고 우리나라 남부 지역의 의생활 문화에 꽃을 피운 점을 감안하여 고대 당시의 가야시대 의생활을 생각해 볼 수 있다. 즉 서민층의 경우는 가야지역 풍토가 만들어 낼 수 있는 면, 마직물 중심의 평직물을 의복재료로 하여 소박하고 청결함을 담은 깨끗한 이미지의 복식으로, 실용적이면서도 미적 기능성을 지닌 복식으로 인접한 주변의 복식과 차별화할 수 있다. 이러한 사실은 고대 당시 가야지역 사람들이 흰옷을 숭상하고 청결함을 좋아하는 의생활 풍속을 바탕으로 정결하고 깨끗한 이미지의 섬세한 평직물을 제작하여 현대화한다면 김해를 비롯한 가야권 지역의 의생활 풍속을 주변의 다른 지역과 차별화할 수 있는 아이템이 될 수 있다고 생각한다. 그리고 지배계층의 복식으로는 Ikat 직물을 포함하여 6세기 이전에 출토된 가야-신라지역 출토 직물들과 연계하여 화려한 의생활 문화를 재구성할 수 있으며 이는 가야가 해상무역에 기반한 다양한 복식문화를 연출할 수 있는 가능성을 제시해 볼 수도 있다. 즉 남방계와 북방계 양식이 공존하는 복식문화적 요소를 가미한 화려한 복식을 당시 신라지역에서 출토된 직물자료들과 인도적 요소인 Ikat 직물 특성을 기반으로 하여 재구성한다면 가야지역 특유의 직물문화를 창출할 수 있다고 본다. 다만 현재까지의 연구 결과로는 신분과 용도에 따른 상세한 복식고증에 의한 재현은 어렵고 여러 가지 면에서 미흡한 점들이 많겠지만 당시대의 복식을 고증함에 있어서는 어떠한 형태로든 당시의 복식을 재현해야만 하는 불가피한 상황을 외면할 수 없다. 따라서 최대한의 사료적 근거를 토대로 메꾸어지지 않는 여백의 공간은 추론과 상상력을 동원하여 당시대의 복식을 재현해야 하는 아쉬움은 있지만 끊임없이 다각화된 학제적 연구를 통하여 조금씩 보완하고 바꾸어 나가야 한다고 생각된다.

셋째, 법륭사 소장 한국계 Ikat 직물의 사료적 가치와 의미를 들 수 있다. 법륭사 소장 한국계 유물은 한국 고대 직물의 면모를 확실하게 알 수 유일한 자료로서 중요한 가치를 가지고 있다. 이 유물들은 법륭사에 바쳐진 헌납유물로서 출토직물과는 달리 색채와 무늬, 제직법 등을 정확하게 알 수 있는 중요한 유물들이다. 유물에 대한 정확한 유통 경로는 알 수 없으나 유물들이 불교문화와 연관된 직물이므로 백제를 비롯한 가야-신라계 지역에서 건너간 것으로 추정할 수 있다. 이는 인도로부터 북방 또는 남방 루트를 통하여 우리나라에 전래된 불교문화가 일본으로 전래되었음을 추정할 수 있으나 어떠한 경로를 거쳐서 전해진 것인지는 크게 중요하지 않다. 다만 이 Ikat 직물의 근원지가 인도라는 점과 인도-동남아시아-중국을 거쳐서 해로 또는 육로를 통하여 우리나라로 유입된 이후 우리나라 고대사회에서 가야-신라계 문화를 중심으로 화려한 직물문화로 꽃을 피워냈다는 사실에 주목해야 한다. 특히 고대 가야지역의 문화권은 불교전래와 함께 인도문화와의 상관성이 깊어 Ikat 직물이 인도-인도네시아-말레이시아-필리핀-중국의 남해 연안을 거쳐 우리나라 남부지역으로의 직항로로 유입되었을 가능성을 배제할 수 없다. 이 같은 맥락에서 생각해 볼 때 가야권에서 형성된 인도계 Ikat 직물은 자연스럽게 인접지역인 신라지역으로 확산, 유통되었을 것이며 당시 법륭사 소장 Ikat 직물은 고대에 인도 불교문화의 영향을 받은 한국계 Ikat 직물로 유추가 가능하다. 일본으로 전래된 경로는 백제계, 신라계 양면에서 전래되었을 가능성이 많으나 중요한 것은 당시에 한국에서 유통되었던 Ikat 직물의 원형을 일본 법륭사에서 소장하고 있다는 사실인데 이 점이 당시 우리나라 고대의 Ikat 직물의 면모를 밝힐 수 있는 귀한 자료적 가치를 가지고 있다. 그러나 법륭사 소장 Ikat 직물의 경우는 불번을 비롯한 불사에 사용된 Ikat 직물이라는 점에서 연구의 제한성을 가지고 있다. 향후 출토 고직물의 면밀한 분석을 통한 복식 문양과 여러 가지 장식 기법 등에 대한 후속 연구를 통하여 폭 넓은 Ikat 직물의 면모를 밝혀가야 할 것이다.

고대 우리나라 Ikat 직물에 대한 후속연구의 방향은 첫째, Ikat 직물의 유통 경로에 대한 정확한 추적과 둘째, Ikat 직물이 어떻게 가야-신라 지역의 우수한 직물로 자리를 잡게 되었는지에 대한 연구, 그리고 이 Ikat 직물이 어떠한 형태로 복식문화에 적용되었는지에 대한 형태론적 연구와 함께 고대 출토직물의 구조적인 분석 등을 통한 연구들이 지속적으로 이루어져서 당시 우리나라에서 유통되었던 제직 기법을 비롯한 문양을 찾아내고 복원하는 일이 시급하다고 생각된다.

참고문헌

권영숙, 2002, 「고대복식과 직물」, 『강좌고대한국사』 제6권 경제와 생활편, 가락국사적개
　　발연구원.

김문길, 2003, 『일본 속의 가야문화』, 가락국사적개발연구원.

무하마드 깐수, 1992, 『신라·서역교류사』, 단국대학교 출판부.

박경자, 1985, 「인도네시아 이카(Ikat)와 일본 카스리(絣)에 대한 비교연구」, 이화여자대
　　학교 석사학위논문.

박윤미, 2019, 「금관가야 직물의 특성과 복원에 관한 연구, 금관가야의 복식문화」, 부산대
　　전통복식연구소, 가야 복원사업 연구용역 제2회 국제학술 세미나.

박준영, 2015, 「한국 고대 유리구슬의 생산과 유통」, 한신대학교 대학원 석사논문.

박진혜, 2019, 『태화강 100리 길에서 만난 울산의 역사』, 울산대곡박물관, 개관10주년 기
　　념 특별전, pp.196-197.

신경철, 2000, 「금관가야 성립과 연맹의 형성」, 『가야각국사의 재구성』, 부산대 한국 민족
　　문화연구소 편 가야사 학술심포지움. pp.3-26.

심연옥, 2002, 『한국직물 오천년』, 고대직물연구소 편.

＿＿＿, 2006, 『한국직물문양 이천년』, 고대직물연구소 편.

이영식, 2000, 「문헌으로 본 가락국사」, pp.27-43.

조규화, 1976, 「정창원의 고려금」, 『대한가정학회지』 14권 1호.

조흥국, 1997, 「한국과 동남아시아의 교류」, 민족문화 학술총서 50, pp.37-39.

채금석 외, 2009, 「한국복식학회 백제복식 문화에 관한 연구」, 『복식학회』 vol 33-9.

Enkhzaya Enkhtuvshin·권영숙, 2018, "Making Process of Ikat," *Journal of
　　Traditional Art&Craft* No 3, 부산대 전통복식연구소, pp.35-42.

沢田むつ大 & 三田覺之, 2018, 法隆寺伝来−飛鳥奈良時代の染織品 東京国立博物館所蔵,
　　pp.213-255.

沢田むつ大, 平成29, 『MUSEUM』, 동경국립박물관 편 No 667, pp.1-24.

Balaram, Padmini Tolat, 2018, "The Ancient Ikat of India, Its Travel and Impact on
　　East and Southeast Asia," 『아시아지역의 공예예술』, 부산대 한국 전통복식연구소
　　편, 2018 국제학술대회, pp.55-81.

Crill, Rosemary, 1998, *Indian Ikat Textile*. V&A Publication.

Wang, Hua, 2005, "Exploratory study of the origin of the ancient Ikat dyeing
　　technique and its spread in China," *Journal of the Textile Institute* 96(2): 105-
　　108.

https://melmariposa.com/ajanta-and-ellora-cave-paintings/ajanta-caves-paintings-
　　google-search-black-india-pinterest-ajanta-and-ellora-cave-paintings/

지역 간 협력시스템 구축에 의한 전통직물자원의 현대적 활용 방안

김희숙 국립안동대학교 의류학과

경제·사회의 다양화·개성화·글로벌화의 흐름 속에서 지역전통문화산업은 대외적인 '얼굴'역할을 할 수 있는 유력한 자원이다. 또한 이는 국가적 자산인 동시에, 각 지역에 있어서는 지역 간 경쟁력을 기르기 위한 수단의 하나로 간주되고 있다. 그러나 오늘날 소비자 요구의 급격한 변화와 그에 대한 대응의 지연, 고임금과 생산 및 유통 비용의 상승에 의한 경쟁력의 저하, 전문가 부족 등으로 어려움에 봉착한 지역이 많아 존속에 대한 위기감이 높아지고 있는 실정이다. 전통문화산업은 그 지역에 뿌리를 둔 것인 만큼, 지역문화산업의 붕괴는 해당 산업의 공동화에 그치지 않고 고용의 악화나 지역사회 경제의 악화로 연결될 수밖에 없다.

전통직물짜기 관련 경상북도 지정 무형문화재 현황

명칭	종목	소재지	지정일	기능보유자	인정일
안동포짜기	경상북도 무형문화재 제1호	안동시 임하면 금소리 563	1975.12.30	*배분령(별세) *김점호(별세) *박봉금(별세) *우복인 *권연이	1975.12.30 2004.02.27 2004.02.27 2006.05.18 2019.10.18
성주 무명짜기	경상북도 무형문화재 제16호	성주구너 용암면 본리2리 749-1	1990.08.07	백문기	1990.08.07
청도 삼베짜기	경상북도 무형문화재 제24호	청도군 운문면 정상리 628	1995.06.30	장무주	1995.06.30
명주짜기	국가 중요무형문화재 제87호	성주군 용암면 본리2리 74-1	1988.05.27	*조옥이(성주군, 별세) *이규종:현이수자(성주) *두산손명주연구회(경주)	1988.03.25

자료: 문화재청 홈페이지(www.cha.go.kr)

현재 지역 고유의 자원인 지역전통문화산업이 다시 주목을 받고 있다. 순환형 경제·사회에 대한 관심과 더불어 '물건 만들기'에 대한 재평가와 젊은이들의 의식변화에 의해 '전통문화' 부활의 징조를 볼 수 있으며, 또한 고용의 유지·창출, 창업의 촉진을 위해서도 지역전통문화산업의 활성화가 불가결하다는 인식이 높아지고 있다.

○ 경상북도 전통직물짜기 자원에는 안동포짜기(안동), 무명짜기(성주), 삼베짜기(청도), 명주짜기(성주)가 있으며 경북지역의 지리적 환경의 영향으로 각각 경상북도무형문화재로 지정되었음. 이 중 명주짜기는 국가중요무형문화재임.

○ 경상북도 전통직물짜기는 친환경성, 역사적 유명성, 제품우수성 및 현대적 활용성, 미래가치 지향성의 특징을 가짐.

○ 경상북도 전통직물짜기는 지역특산품으로서의 관광자원화가 가능하며 지역 간, 산업 간, 학제 간 융합에 의한 융합산업자원의 활용가치가 명확함.

지역특산물을 기반으로 하는 친환경 전통직물산업의 육성사업은 원료생산 농가의 소득 증대뿐만 아니라 상품개발 및 판매를 통한 소득창출로서 지역경제 활성화를 기대할 수 있다. 전통적 직물생산 방식은 지역행정기관 및 지역사회와의 협조체제 아래 현장체험학습, 그린투어리즘 프로그램 등을 개발, 활용하면 도시인이나 외국 관광객 유치와 문화정책 활성화와 지역경제 활성화를 도모할 수 있다.

사라져가는 전통문화의 계속적인 유지·발전을 위해서는 청년층의 인력을 참여시켜 실생활에 적용하고 생활화할 수 있는 현실성 있는 대책 마련과 노력이 시급하다. 경북부지역의 대표적 문화유산인 유교문화 정신과 청정한 자연환경과 지역에서 생산하는 친환경 전통직물자원을 지역 특산화하기 위한 방법을 분석하고 이에 반드시 필요한 관련 종사자들의 교육 프로그램에 대한 정책 방향을 제시함으로써 전통문화와 연계한 친환경 전통직물산업의 활성화와 지역특산화에 기여할 수 있다.

이에 전통직물짜기의 지역특산화를 위한 효율적인 노력이 절실하며,

지역특화산업을 활성화하기 위한 정책방향은 다음과 같이 연구되었다.

첫째, 세대 간 네트워크 구축에 의해 노년의 체험과 청년의 아이디어를 결합한 세대 통합형 일자리창출이 가능한 분야이다.

둘째, 전통문화산업·디자인산업·IT산업의 융합산업을 추구하여 지역의 문화관광산업과 연계한다. 우수한 지역전통문화의 현대적 계승 및 활용 방안을 모색한다.

셋째, 친환경 디자인산업에 대한 사회적 요구에 부응한다.

넷째, 지적재산권을 보호하는 차원에서 개발한 기술의 특허·표준화를 시행하고, 아울러 제품의 판매망을 확충하기 위한 국제적인 네트워크 구축을 지원한다.

다섯째, 산학관연 친환경전통직물산업 총괄지원기구를 설립하여 지역 자원의 산업화를 총괄적으로 지원하는 체제를 구축한다.

여섯째, 차별화되고 특성화된 지역전통문화 관광상품 디자인 개발 및 상품화를 위한 전문인력을 양성하며 유효적절하고 지속적인 체험교육 프로그램 개발이 요구된다. ① 지역의 환경적, 문화적 특성을 반영한 교육 프로그램 개발, ② 융·복합 산업강화를 위한 교육 프로그램 개발, ③ 지역 간 협력에 의한 교육 프로그램 개발, ④ 지역특화상품 관련 교육 프로그램 개발, ⑤ 친환경 디자인 관련 교육프로그램 개발, ⑥ 노년기 여성인력을 활용한 교육 프로그램 개발, ⑦ 지역축제와 연계한 글로벌 인재 양성 교육 프로그램 개발.

전통문화산업은 지역 전체의 활성화 전략의 큰 기둥이므로 수요 개척, 인재 확보와 육성 등의 과제에 대해 지역민 모두의 협력 체제가 바람직하며, 지역 내뿐만 아니라 주변의 경제권·생활권·문화권 등과 광역연대가 필요하다. 또한 대도시나 해외 지역과의 교류 사업에 의한 활성화도 중요하다고 할 수 있다. 따라서 지역 간 산·학·관 네트워킹에 의한 청년층의 적극적 참여와 아이디어 발굴이 향후 '전통직물짜기'의 발전과 산업화를 위한 중요한 과제가 될 것이다.

3

가야 고분군 출토 직물

박윤미 단국대학교

I. 머리말

　직물은 의복뿐만 아니라 각종 장신구의 소재로도 사용되어 왔다. 특히 고대에는 계층에 따라 사용할 수 있는 직물이 한정되어 있어 신분을 구분할 수 있는 역할을 하기도 했다. 그러므로 고대의 고분에서 출토되는 직물은 피장자의 신분에 따라 상위계층일수록 고급직물이 발견된다.

　우리나라의 고온 다습한 기후는 섬유류와 같은 유기물질이 장기간 보존되기가 어려워서 특히 고대직물의 연구에는 한계가 있다. 그런데 고분에서 발굴되는 금동이나 철기유물에 작은 직물편이 수착(銹着) 또는 부착(付着)되어 있는데 유물에서의 분리가 어려우며 대부분 경화되어 있는 상태로 남아 있는 경우가 많다. 이 직물들은 본래의 색상은 남아 있지 않더라도 섬유의 성분이 변한 것은 아니므로 고대직물의 실물 연구에 있어 중요한 기초자료를 제공한다고 할 수 있다.

　가야는 기원 전후부터 6세기 중엽까지 낙동강을 둘러싼 동·서안에 폭넓게 자리 잡았던 고대 국가이다. 가야의 직물에 관해서는 고대 문헌 기록에서 찾아볼 수는 있으나 많은 내용이 기록되어 있지는 않다. 따라서 가야 고분에서 출토된 직물의 실증적 분석은 문헌의 기록과 함께 당시의 직물문화를 어느 정도 파악할 수 있는 중요한 단서라고 할 수 있다.

　본 연구에서는 가야 고분에서 출토된 직물을 중심으로 직물의 종류와 특성을 살펴보고자 한다. 연구방법은 실물조사를 중심으로 각 박물관에서 소장하고 있는 가야 고분에서 출토된 직물을 실물 열람하였다. 조사한 고분은 약 46기이며 시기적으로는 2~6세기에 해당하며, 가장 많은 직물이 발견된 것은 5세기의 고분군이다. 실물조사에 있어 먼저 육안으로 유물의 상태를 점검한 후, 밀도경과 실체현미경 등의 기구를 사용하여 직물의 조직과 실의 꼬임을 분석하였다. 그리고 시료 채취가 가능했던 직물은 주사전자현미경(走査電子顯微鏡)으로 섬유의 단면과 측면을 관찰하여 성분을 구별하였다.

II. 직물 출토 가야 고분군

　가야의 고분 가운데 본 연구자가 직물을 발견한 고분은 총 46기 고분이다(표 1). 대성동, 말이산, 복천동, 양동리, 연산동, 예안리 고분군이 금관가야에 속하는 고분군이며, 지산동고분군이 대가야의 고분이며, 도항리고분은 아라가야, 옥산리고분은 소가야, 옥전고분군은 다라국에 속한다. [표 1]은 직물을 실물조사한 고분으로 5세기의 고분군이 가장 많으며 유물 수 또한 가장 많았다.

[표 1] 가야 직물 조사 고분군

시기	고분명
2~3세기	양동리 200·340호분
4세기	복천 38·84호분, 대성동 70호분
5세기	도항리 15·36·37·38·39·44·54호분, 대성동 93호분, 말이산 4호분, 연산동 M8호분, 옥전 5·20·23·28·35·67-A·M1·M3호분, 지산동 2·30·30-2·32·44·45·73·75호분, 옥산리 52·67호분, 복천 19·22·35호분
6세기	도항리 4·8호분, 대성동 88호분, 생초 9·M13호분, 옥전 75·85·M4·M7호분, 예안리 58호분·60호분

III. 가야 직물의 특성

1. 마직물

마직물은 인피섬유(靭皮纖維)를 소재로 사용하여 직조한 직물로 고대부터 사용된 주요 직물 가운데 하나이다. 가야에서의 마직물의 사용은 문헌기록뿐만 아니라 '삼굿' 혹은 '삼무지'를 할 수 있는 삼가마를 통해서도 확인할 수 있는데, 경상남도 김해 가야의 숲 부지 내에 기원전 1세기경의 삼가마가 3기(동아세아문화재연구원 2006, 151-157) 발견되었다. 삼굿은 식물의 줄기에서 실로 사용할 섬유를 쉽게 채취하기 위한 공정으로 특히 삼실을 얻기 위해서는 반드시 필요한 과정이다.

가야 고분군에서 발견된 마직물 가운데 주사전자현미경에 의해 성분이 밝혀진 것은 삼베[大麻]와 모시[苧麻]의 두 종류이다. 두 직물은 육안으로 성분을 구분하는 것은 거의 불가능할 정도로 외관상 특성이 거의 유사하여 현미경과 같은 과학 기기로 관찰하여야만 구분이 가능하다. 그런데 대마나 저마는 길이가 짧은 단섬유(短纖維)이므로 옷감을 짜기 위한 긴 실을 만들기 위해서는 반드시 '삼기'를 해야만 한다. 삼기는 가늘게 쨌 짧은 두 올의 실을 잇는 과정으로 외관상으로는 두 올이 서로 꼬여 있는 형태로 보이는데 이 삼기의 흔적을 통해 정확한 성분은 구분하지 못하

[도 1] 복천동 129호분 출토 도자의 삼기 흔적

더라도 마직물임은 알 수 있다. 복천동 129호 출토 도자에도 평직의 성근 직물(도 1)이 수착되어 있는데 곳곳에 남아 있는 삼기의 흔적을 통해 마직물이라는 것을 짐작할 수 있다.

1) 삼베[大麻]

가야 고분군에서 발견된 삼베 가운데 대표적인 것은 양동리 200호분(2C 후반~3C 초)의 삼베이다. 가야의 실물 유물 가운데 비교적 이른 시기의 것임에도 불구하고 직물의 상태는 양호한 편이다. 직물은 유물에서 분리되어 여러 편으로 나뉘어 있으며, 일부는 가장자리에 삼실로 감침질을 한 흔적이 그대로 남아 있다(도 2~3). 실은 S방향으로 꼬임을 준 우연사(右撚絲)이며 직물의 밀도는 cm당 35×17올로 비교적 고운 편이다. 주사전자현미경(走査電子顯微鏡)에 의해 성분을 분석한 결과 섬유의 측면(도 4)에는 마디가 있으며 단면(도 5)은 사각형, 오각형, 육각형 등 다각형으로 이루어져 있는데 이것은 삼베의 전형적인 특성이다.

양동리 200호분과 유사한 시기의 고분으로 알려진 양동리 340호분에서는 청동경에 수착되어 있는 평직의 직물(도 6~7)이 발견되었다. 이 직물의 밀도는 22×14올/cm²로 치밀하지 않고 표면에 삼기의 흔적이 보이므로 마직물이라는 것을 짐작할 수 있다.

현재까지 주사전자현미경에 의해 성분이 밝혀진 가야의 삼베는 모두 평직(도 8)으로 제직되었다. 평직은 가장 기본적인 조직으로 경사와 위사가 한 올씩 교대로 90°각도로 교차한다. 직조에 사용된 삼실은 굵기가 일정치 않아 직경은 0.20~2.00mm로 다양한데 이것은 손으로 섬유를 째야 하기 때문에 숙련된 기능자라 하더라도 인피섬유를 고르게 째기는 어렵기 때문이다. 그리고 실은 대부분 S방향으로 꼬임을 준 우연사를 사용하였으나 지산동 73호분 꺾쇠의 직물(도 9)과 같이 드물게 Z꼬임의 좌연사(左撚絲)가 사용된 경우도 있는데 SEM에 의한 성분분석에서 삼베(도 10)로 판명되었다. 가야 삼베의 밀도는 cm당 5~35올 정도이며, 두께 측

[도 2] 양동리 200호분 출토 삼베

[도 3] 삼베 확대

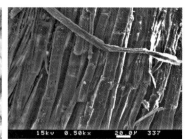

[도 4] 양동리 삼베 측면

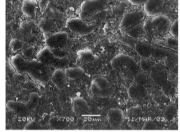

[도 5] 양동리 삼베 단면

[도 6] 청동경

[도 7] 청동경의 직물

[도 8] 평직의 조직도

[도 9] 지산동 73호분의 꺾쇠

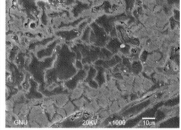

[도 10] 꺾쇠의 단면

정이 가능했던 삼베는 0.27~0.50mm 정도로 측정되었다.

2) 모시[苧麻]

　가야의 모시는 삼베와 유사한 특성을 지니고 있는 것으로 조사되었다. 생초 9호분 동경의 직물을 제외하고 모두 평직으로 직조되었으며 실의 굵기가 일정치 않고 대체로 옥전 M1호분의 투구(도 11)와 같이 우연사를 사용하였으나 지산동 73호분의 등자(도 13)와 같이 좌연사를 사용한 것도 확인되었다. 모시의 실직경은 0.20~2.20mm 정도이며 밀도는 6~35올 사이에 분포한다.

생초 9호분의 동경(도 6)에는 1/1엮음직의 직물이 있는데 0.46mm 정도 굵기의 모시실을 사용하여 직조하였다. 조사 당시 유물의 가장자리는 떨어져 나가고 작은 조각으로만 남아 있어서 원래의 폭은 확인할 수 없으므로 그 용도는 불분명하다. 엮음직물은 손이나 간단한 기구를 사용하여 양손에 실을 쥐고 사선으로 교차시키며 엮어서 짜는 직물을 뜻하는데, 평직으로 짠 직물은 경사와 위사가 90도로 교차되는 반면 엮음직은 실이 40~60도 정도로 비스듬하게 교차한다. 1/1엮음(도 14)은 실이 양 방향에서 한 가닥씩 교차하는 기법이다. 동경의 직물을 SEM으로 관찰한 결과 측면(도 15)은 곳곳에 마디가 관찰되며 단면(도 16)은 타원형

[도 11] 옥전M1호분 투구

[도 12] 지산동 73호분 등자

[도 13] 생초 9호분 출토 동경

[도 14] 1/1엮음직의 조직도

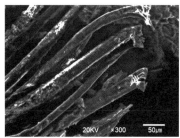

[도 15] 동경 직물의 측면

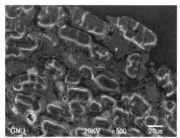

[도 16] 동경 직물의 단면

에 가깝고 큰 중공이 있는데 이것은 모시의 특징이다. 모시를 소재로 하여 엮음직으로 짠 직물은 통일신라의 것(박윤미 2007, 176-177)도 조사된 바가 있다.

2. 견직물

가야의 고분에서 조사된 견직물을 직물의 조직별로 구분하면 평직, 능직, 중조직, 익조직, 그리고 엮음직으로 분류할 수 있으며, 각 조직별 특성은 다음과 같다.

1) 평직(平織)

가야의 고분에서 조사된 견직물 가운데 가장 많은 수를 차지하는 것이 평직으로 직조된 평견직물이다. 평직은 가장 간단한 조직이나 실의 굵기, 색상, 밀도 등을 달리하여 다양하다. 가야 고분에서 발견된 보편적인 평견(平絹)[1]은 경사와 위사에 굵기가 비슷한 실을 사용하였으며 밀도도 거의 유사한 직물(balanced plain weave)이다. 실의 직경은 약 0.10~0.35mm 정도이며 밀도는 25~100올까지의 분포를 나타내고 있는데 50올 전후가 가장 많은 수를 차지하고 있다.

73호분의 관모장식에 수착된 다양한 직물 가운데 경위사의 직경이 0.17×0.19mm이며 밀도가 53.4×57.6올/cm²인 평견(도 17)이 있는데 실의 직경이나 밀도가 경사와 위사 사이에 큰 차이가 없다. 섬유의 단면(도 18)은 모서리가 둥근 삼각형을 이루고 있는데 견의 특징을 보여주고 있다.

가야의 평견직물에 사용된 실은 대부분 꼬임이 거의 없으나 대성동

---

1   평직으로 직조된 견직물을 본 연구에서는 '평견' 혹은 '평견직물'로 명시하고자 한다.

70호 주곽에서 출토된 궁금구의 평견(도 19)은 경사는 Z꼬임의 좌연사, 위사는 꼬임이 없는 무연사로 제직되었는데 흔차 않은 유형의 직물이다. 직물의 밀도는 42×24올/cm²이다.

평견직물 가운데 경사와 위사 간의 밀도비가 큰 직물도 있다. 이런 유형의 직물은 경사와 위사의 굵기가 비슷한 실로 짠 것도 있으며 차이가 많이 나는 실로 제직한 것도 있다. 옥전 M1호분의 성시구에 수착되어 있는 직물(도 20)은 경사의 직경은 0.13mm로 가늘지만 위사는 경사의 2배 이상 굵다. 밀도는 54×10올/cm²로 밀도비가 5.4로 커서 위사는 거의 보이지 않으며 가로 방향으로 굵은 선이 표현되는데 이와 같은 조직을 경무직(經畝織)이라고도 한다.

옥전 M4호(도 21)와 대성동 93호 등에서 발견된 직물은 경사 2올과 2올 사이가 간격이 벌어져 있는데 이것은 직조할 때에 바디를 사용하여야만 제직이 가능한 직물로 직기에 바디가 설치되었다는 것을 증명해주는 단서이기도 하다. 옥전 M4호분의 직물은 경사는 거의 꼬임이 없으나 위사에는 S꼬임이 있고 실의 직경은 0.16×0.32mm로 경사에 비해 위사가 2배가량 굵다. 이 직물은 현재까지도 사용하고 있는 유형의 견직물로 고대에는 '초(綃)'로 분류하였는데 조선시대에는 '사(紗)'라고도 하였다. 대성동 93호분 철도(鐵刀)의 초(도 22)는 실의 직경은 0.11×0.09mm로 경위사 간의 차이가 별로 없어 같은 실을 사용한 것으로 여겨진다. 밀도는 49×31올/cm²이다.

가야 고분군의 평견직물 가운데 실 사이의 공간이 많아 투공율이 높은 직물들이 있다. 가는 굵기의 실[微細絲]을 사용하여 제직하는 것도 있고 일반적인 굵기의 실을 사용하나 밀도를 성글게 하여 마치 망사와 같이 얇고 성글게 직조하는 직물이다. 복천동 38호의 철정(도 23)에는 군데군데 성근 평직의 직물이 부착되어 있다. 실의 직경은 약 0.17~0.20mm 정도로 아주 가는 편은 아니나 밀도가 cm당 5~9올 정도로 매우 성글게 직조되었으며, 직물의 위에 검은색의 옻칠을 한 것으로 여겨진다.

평견을 제작할 때 2종류의 위사를 사용하므로 북이 2개가 필요한 직물이 있다. 복천동 42호의 투구(도 24)의 겉에 수착되어 있는 직물은 경사의 직경은 약 0.10mm나 위사는 0.14~0.36mm까지 차이가 많은 실을 섞어서 사용하였는데 가는 위사 9~10올과 굵은 위사 5올 정도를 교대로 위입하여 직조한 것으로 추정된다. 이처럼 직조하면 굵은 위사를 넣은 부분이 도드라져 보이게 되어 마치 가로 방향으로 줄무늬가 있는 것처럼 보인

[도 17] 지산동 73호분 평견

[도 18] 평견의 단면

[도 19] 대성동 70호분 평견

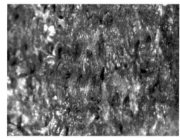

[도 20] 옥전 M1호분 경무직

[도 21] 옥전 M4호분의 초

[도 22] 대성동 93호분의 초

[도 23] 복천동 38호분 철정

[도 24] 복천동 42호분 투구

[도 25] 관모의 변형평직 견

다. 직물의 밀도는 경사는 76올이며 가는 위사 부분은 약 53올, 굵은 위사 부분은 26올 정도이다.

지산동 73호 관모에 수착되어 있는 직물 가운데 가로 방향으로 굵은 선이 나타나는 직물(도 25)이 있다. 이 직물 역시 북 2개를 사용해서 직조한 직물인데 경사는 2올-1올의 순서로 배치하고 위사는 1올~2올로 번갈아 위입하여 가로 방향으로 선이 나타난다. 또한, 경사와 위사에 모두 S방향으로 꼬임을 준 우연사를 사용하여 톡톡한 질감이 느껴지는 직물이다.

2) 능직(綾織)

능직(綾織)은 경사와 위사가 2올 이상 건너뛰면서 교차하여 교차점이 능선을 나타내게 되므로 사문직(斜紋織)이라고도 하는데, 건너뛰는 뜀수에 따라 3매, 4매 등으로 분류된다.

복천 84호분의 철촉(도 26~27)에는 ∨형태의 문양을 나타내고 있는 문능(紋綾)이 있는데 3매 능직으로 직조되었으며 능직의 바탕에 능직으로 무늬를 나타낸 능지능문능(綾地綾紋綾)이다. 유물의 크기가 작아 단위무늬는 확인할 수 없다.

[도 26] 복천동 84호 철촉의 문능

[사진 27] 문능의 조직도

3) 중조직(重組織)

중조직은 경사나 위사에 2겹 이상의 색사를 넣어 무늬를 표현하는 조직이며 이 조직으로 제직된 고대의 대표적인 직물은 금(錦)이다. 『석명(釋名)』에 '錦은 제직하는 데 많은 공을 들여야 하므로 그 가치가 金과 같다(錦也 作之用功重 基價如金)'고 할 정도로 매우 귀하고 값비싼 직물이었으며 현재까지 발굴된 금직물은 모두 최고층의 고분에서 발견되었다. 『삼국지』 위지 동이전의 마한에 관한 기록 가운데 '金銀이나 錦繡를 보배로 여기지 않는다(不以金銀錦繡爲珍)'라는 내용이 있다. 실제 지산동 73호의 관모(도 28)와 금동띠금구, 대성동 70호분의 검, 옥전 M4호분의 성시구(도 29) 등 여러 고분에서 금직물이 조사된 것으로 보아 마한뿐만 아니라 가야 전역에서 금직물을 흔히 사용하였다고 짐작된다.

금직물은 경사로 문양을 나타낸 경금(經錦)과 위사로 문양을 나타낸 위금(緯錦)이 있는데 위금은 경금에 비해 후대에 나타난 기법이다. 경금은 평직의 바닥에 문양을 넣은 평지경금(平地經錦)과 능직의 바닥에 문양을 넣은 능지경금(綾地經錦)으로 분류된다. 본 연구자가 가야 고분에서 발견한 금직물은 모두 평직의 바닥에 경사방향으로 무늬를 시문한 평지경금(도 31)이며 경사의 밀도는 30~67올, 위사는 15~61올 정도이다.

지산동 45호분 철탁에는 직물(도 31)이 유물의 전면에 고루 수착되어 있으며 가장자리에는 같은 직물이 몇 겹으로 겹쳐 있다. 이 직물을 선행연구에서는 평직의 바닥에 3매와 4매능직으로 기하문양을 넣은 평지능문(平地綾紋)이라고 했으나(박윤미 2002, 60), 중조직의 금(錦)으로 정정한다. 철탁의 금직물은 평직의 바닥에 산형 기하무늬를 시문하였는데(도 32) 중간에 공간을 두고 기하무늬가 규칙적으로 배치되어 있다. 본래의 색이 남아 있지는 않으나 기하무늬는 바탕무늬와는 다른 색사로 표현하였을 것이다. 그리고 중간의 여백에 색사를 사용한 다른 무늬를 더 표현하였을 가능성도 배제할 수는 없다.

중국에서는 진국시대 초묘에서 금직물이 발견되었으며 특히 중국

비단의 전성기라고 할 수 있는 한대(漢代)는 많은 고분에서 다량의 화려한 비단이 발굴되었다. 또한 동한, 위진시대부터는 매우 빠르게 발전하였는데 2~5색을 사용하며 5색금의 경우 경사의 밀도는 cm당 200올 이상으로 매우 치밀하다. 신강 민풍현(新疆 民豊縣) 니아(尼雅) 유적지에서 출토된 한·진(漢·晉)시기의 오성출동방리중국금(五星出東方利中國錦)(도 33)은 cm당 경사는 220올, 위사는 24올이며 경사방향의 단위무늬 크기는 7.4cm이다(黃能馥·陳娟娟 2016, 41, 77). 가야 금직물의 무늬는 알 수 없으나 중국의 예로 보아 화려한 최고급의 직물이었음을 짐작할 수 있다.

[도 28] 지산동 73호 관모의 錦

[도 29] 옥전 M4호의 錦

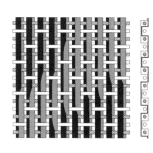

[도 30] 평지경금 조직도

[도 31] 지산동 45호 錦

[도 32] 지산동 45호 錦 무늬

[도 33] 오성출동방리중국금(출처: 『중국의 비단역사 칠천 년』)

4) 익조직(搦組織)

익조직은 익경사(搦經絲)가 좌우로 이동하면서 위사와 교차하는 구조이며, 일완전으로 성립되는 경사의 수에 따라 이경교라(二經絞羅), 삼경교라(三經絞羅), 사경교라(四經絞羅)로 구분한다. 이경교라는 '紗'라고 하며 삼경교라와 사경교라는 '羅'로 구분한다. '라(羅)'는 '鳥網日羅'라 하여 마치 새그물과 같은 직물을 뜻하는데 가야의 기록에서는 『삼국유사』가락국기에 '왕후는(중략) 가지고 온 금수능라(錦繡綾羅)와 의상필단(衣裳疋緞)·금은주옥(金銀珠玉)과 구슬로 된 장신구들은 이루 기록할 수 없을 만큼 많았다(所賣錦繡綾羅·衣裳疋段·金銀珠玉·瓊玖服玩罵不可勝記)'라는 내용이 유일하다. 이 내용으로는 당시의 라직물이 인도에서 갖고 왔다는 것이지만 가야의 고분뿐만 아니라 백제, 신라 등 많은 고분에서 출토된 것으로 보아 라직물도 상위계층에서 즐겨 사용하던 최고급 직물 가운데 하나였다.

옥전 M1호분의 심엽형금구와 복천동 84호의 철촉(도 34~35)에서는 사경교라의 라직물인데 무늬가 없는 무문라(無紋羅), 도항리 8호분의 금동장식(도 36)의 라직물은 문라(紋羅)로 추정된다. 라직물은 조선후기 이후에 직조기법의 전승이 단절되었다.

 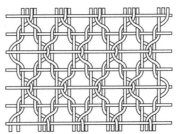 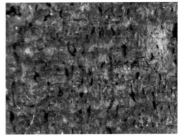

[도 34] 복천동 84호 철촉의 무문라   [도 35] 사경교라 조직도   [도 36] 도항리 8호 금동장식의 문라

5) 엮음직

엮음직은 양쪽의 실이 사선으로 교차되는 조직으로 앞서 언급한 경사와 위사가 90°로 교차되는 데 비해 엮음직은 사선으로 교차된다. 현재

까지 조사된 고대의 엮음직은 끈의 용도로 사용된 것이 많은데 다양한 기법으로 직조되었다(박윤미 2015).

연산동 M8호의 발굴보고서(경성대학교박물관 2014)에 의하면 찰갑 (札甲)을 구성하는 다량의 소찰(小札)이 수습되었는데 소찰을 연결하는 데 사용한 끈목이 여러 곳에 남아 있다. 유물번호 49-1(도 37)에는 굵은 것과 가는 것의 2종류가 있는데 모두 실이 엮어지는 부분(∨)이 2개가 있는 2조(組)엮음 기법으로 직조되었다. 굵은 끈목(끈목a)(도 38~39)은 너비가 약 0.7-0.9cm, 두께는 약 0.2cm 정도이며 측면의 형태로 보아 홑으로 짠 단조직(單組織)이다. 끈목이 풀어져 있는 부분에서 여러 올을 S방향으로 꼬임을 줘서 한 가닥으로 합사하여 짠 것을 확인할 수 있다. 가는 끈목(끈목b)(도 40~41)은 너비가 약 0.3cm 정도이며 단조직으로 직조되었다.

지산동 44호의 십금구(十金具)(도 42)와 은장반원형금구(銀粧半圓形金

[도 37] 소찰 49-1의 끈목

[도 38] 소찰 49-1 끈목a

[도 39] 끈목a 조직도

[도 40] 소찰 49-1 끈목b

[도 41] 끈목b 조직도

[도 42] 지산동 44호 십금구

具)에 남아 있는 끈은 끈목b의 유형과 동일하다. 이 조직을 일본에서는 4畝平組紐(four-ridge flat braids)이라고 하는데 loop기법으로 직조하였을 가능성을 제시하고 있다(小村眞理 외 2011). loop기법은 실고리를 손가락이나 손에 걸고 실의 배열 순서와 장력을 유지하면서 각각 좌우의 실을 교환하며 끈목을 짜는 기법이다. 중국 리자산(李家山) 유적에서 출토된 청동기물(靑銅器物)에는 두 사람이 마주보고 앉아 loop를 조작하고 있는 형상(Masako Kinoshita 2000)이 있어 고대부터 사용한 기법이라는 것을 알 수 있는데, 小村眞理(Mari Omura 2011)는 이 loop기법이 5세기경에 중국과 한반도에서 일본으로 전래되었을 것으로 추정하고 있다.

3. 모섬유

고대 고분에서 발굴되는 마구류나 갑주에는 가죽의 흔적이 종종 발견되나 가죽의 형태를 온전히 갖추고 있다기보다는 유물에 완전히 밀착되어 조그마한 흔적으로 남아 있는 경우가 많다. 그런데 지산동 44호분에서 조그마한 가죽끈 조각(도 43)이 발견되었다. 발굴보고서(경북대학교박물관 외 2009, 96, 375)에는 유물의 크기가 길이 1.9cm 폭 1.54cm 두께는 0.34cm라고 명시하고 있는데 크기는 작으나 양호한 상태로 출토되었다. 가죽끈은 가운데에 실로 감침질로 바느질하였으며 안에는 마직물로 보이는 직물이 들어 있다. 이러한 가죽연결끈을 계(繫)라고 한다(이은석 2012, 92-94).

모섬유를 방적하여 제직한 대표적인 고대직물로는 계(罽)가 있다. 옥전 75호의 유자이기에 있는 Z꼬임의 실을 사용하여 평직으로 제직된 직물의 흔적(도 44)이 있다. 2001년도에 직물을 처음 봤을 때에는 마직물로 여겼으나 후에 섬유의 단면(도 45)을 주사전자현미경으로 관찰한 결과 거의 원형에 가까워 모섬유일 가능성이 높다. 실의 굵기는 일정치 않으나 평균직경은 0.29×0.26mm이며 밀도는 26.2×21.8올/cm²로 치밀하지는 않은데 천마총(박윤미 2011, 39)과 황오동 100번지 유적 11호분에서 출토된 계(강정무·박윤미 2009, 191-192)와 유사하다.

임지영 등의 연구(임지영 외 2010, 200-232)에 의하면 대성동 70호, 복천동 57호·86호·69호·165호와 울산 중산동 5호에서 출토된 종장판갑에는 우제목 사슴과 담비털이, 복천동 86C호·164호 판갑에서는 담비와 여우 등의 식육목 동물털이 사용되었으며 모피 상태가 아닌 털만 분리·가공하여 다발로 묶어 사용했던 것으로 밝혀졌다. 가야의 고분에서는 각종 동물뼈가 발굴되므로 당시 다양한 종류의 모섬유를 사용했을 것을 충분히 짐작할 수 있다. 또한, 동래 패총에서 발견된 많은 강치뼈는 수생동물의 사용도 추정할 수 있는데, 강치는 불을 밝히는 기름과 가죽 활용도가 높은 수생동물이며 동예 특산품 반어피(斑魚皮)를 강치 가죽으로 보는 견해도 있다(임지영 2019, 19 재인용).

 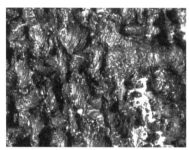 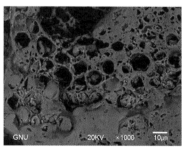

[도 43] 지산동 44호의 가죽끈   [도 44] 옥전 M75호의 罽   [도 45] 罽의 단면

4. 염직물

현재까지 조사된 고대직물은 대부분 금동녹이나 철기의 색으로 변해 있어 직물 원래의 색상이나 무늬를 파악하기는 어렵다. 그런데 생초 M13

호분에서 철기의 수착직물 가운데 타원형의 무늬가 있는 것(도 46~47)들이 조사되었다. 직물의 전면에는 타원형의 문양이 남아 있는데 손실된 부분도 있다. 문양의 크기는 약 2.0×0.8cm, 1.8×1.2/cm 정도이며 세 가지 색상을 사용하였으며 타원형의 무늬가 반복되는 구조로 배치되어 있다(도 48). 직물의 소재는 모시이며 밀도는 29.3×17.7올/cm²이다.

직물에 무늬를 표현하기 위한 염색기법은 회염(繪染), 납힐(蠟纈), 교힐(絞纈), 협힐(夾纈), 인염(印染) 등이 있다. 생초 M13호분 염직물의 염색방법으로는 각 염색기법으로도 표현이 가능하나 무늬의 크기, 색상의 수, 그리고 소재가 모시인 점을 감안한다면 협힐이 가장 효율적이었을 것으로 여겨진다. 『삼국사기』 가락국기에는 '자줏빛 줄[紫繩]', 붉은색 보자기[紅幅] 등의 색상에 관한 언급은 있으나 염색기법에 관한 상세한 기록은 없다. 그런데 신라의 6두품 여자 겉치마(表裳)와 5두품 여자의 배자(褙襠), 저고리(短衣), 겉치마(表裳), 속치마(內裳)에 협힐의 사용을 금하는 기록이 있다. 그리고 고구려 고분벽화에서 볼 수 있는 다양한 무늬는 고대에 여러 염색기법이 사용되었음을 알 수 있다.

[도 46] 생초 M13호 철기

[도 47] 철기의 부분 확대

[도 48] 철기의 무늬

IV. 바느질 기법

고대고분 가운데 무령왕릉에서는 사슴수, 평행수, 복조수의 자수기법이 조사되었으며(박승원 2011, 210-212), 백제의 관식(冠飾)은 홈질, 박음질, 휘갑치기 등의 바느질 기법으로 제작된 것으로 밝혀졌다(박윤미 2011b, 145-148).

가야 고분에서는 앞서 살펴본 양동리 200호분 동모의 삼베(도 49)는 가장자리를 가늘게 말은 후 감침질을 하였다. 지산동 44호 주곽에서는 철지은제 성형금구 35점이 출토되었다. 뒷면에는 유기물이 두텁게 부착되어 있는데 가죽, 포, 짐승의 털, 그리고 목질의 순서로 겹쳐 있다. 가죽의 표면에 실의 흔적이 다수 확인되는데 이것은 금구를 부착하기 전에 가죽과 그 아래의 포를 고정하기 위해 바느질한 것으로 격자상으로 바느질하여 장식적인 효과를 갖고 있었을 것으로 추정하고 있다(경북대학교박물관 외 2009, 81-85)(도 50).

복천동 38호의 환두대도(도 51~52)에서도 바느질 흔적을 찾아볼 수 있다. 환두대도의 아랫부분에 약 35cm 길이로 길게 직물의 흔적이 남아 있다. 이 직물은 마직물로 보이는데 그 아래에는 가죽이 있으며 함께 접어 약 0.5~0.8cm 되는 지점에서 바느질로 고정하였다(박윤미 2019, 13). 접힌 부분은 가죽이 2겹이 되어 두꺼우므로 바늘 2개를 가지고 꿰맨 것(도 53)으로 추정되는데, 이 바느질법은 가죽을 꿰매는 기본 기법 가운데 하나이다.

고대의 바느질 기법은 대부분 현재도 사용하고 있는 기법들이다.

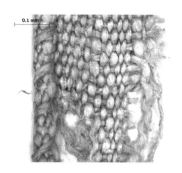

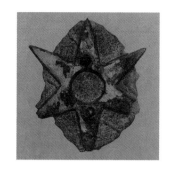

[도 49] 동모의 바느질

[도 50] 지산동 44호 성형금구(출처: 『대가야왕릉 고령 지산동44호분』, p.372)

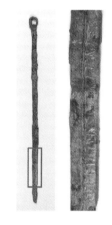

[도 51] 복천동 38호 환두대도

[도 52] 바느질 흔적

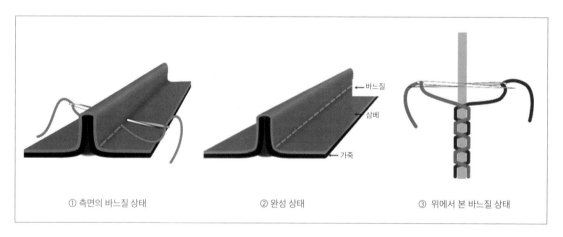

① 측면의 바느질 상태   ② 완성 상태   ③ 위에서 본 바느질 상태

[도 53] 환두대도의 바느질 기법

V. 고대 직물 복원 사례

현전하는 고대직물은 금속이나 철기유물에 부착, 혹은 수착되어 있어 직물의 질감을 파악하기는 매우 어렵지만 간혹 유물에서 분리되어 발견되는 직물들은 비록 잔편이기는 하나 직물의 두께나 질감을 알 수 있다.

본 장에서는 출토된 고대 직물을 중심으로 복원하는 과정에 대해 살펴보도록 한다. 직물은 염색의 순서에 따라 선염과 후염 직물로 구분되는데, 선염은 먼저 염색한 색사로 제직하는 것이며 후염은 제직을 끝낸 후에 염색을 하고 마무리하는 직물이다. 염색 과정을 제외한 일반적인 복원 과정은 다음과 같다.

① 복원 대상 유물 선정
② 대상 유물 특성 조사
③ 직물 설계
④ 재료 준비
⑤ 의장도 제작
⑥ 시험 직조 후 분석
⑦ 복원 직물 직조
⑧ 마무리

고대직물 가운데 백제 고분인 염창리 4-34호분의 철제테 관식에 수착되어 있는 초(綃)의 복원 과정(표 2)을 살펴보도록 한다. 관식의 직물은 일종의 변형평직으로 직조된 견직물로 생사(生絲)로 직조되었을 것으로 추정된다. 경사의 평균 직경은 0.13mm이며 위사는 0.20mm인데 경사 2올을 사용하였으며, 밀도는 30×23올 정도이다. [표 3]은 복원대상 유물과 복원한 직물을 비교한 것으로 유물과 유사한 것으로 확인되었다.

[표 2] 직물 복원 과정

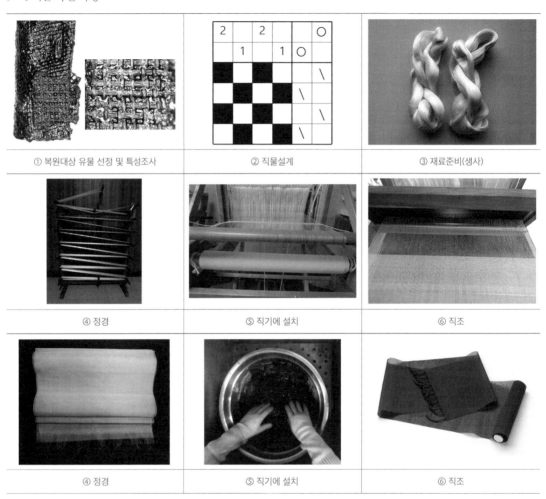

① 복원대상 유물 선정 및 특성조사	② 직물설계	③ 재료준비(생사)
④ 정경	⑤ 직기에 설치	⑥ 직조
④ 정경	⑤ 직기에 설치	⑥ 직조

[표 3] 복원 직물 비교

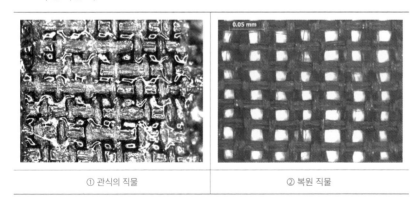

① 관식의 직물	② 복원 직물

VI. 맺음말

가야 고분군에서 출토된 직물은 모두 작은 직물편으로 시기적으로는 2~6세기에 해당한다. 섬유의 종류별로는 마직물, 견직물, 모섬유가 있으며, 무늬가 표현된 염직물도 조사되었다. 마직물은 삼베와 모시가 있는데 삼베는 모두 평직으로 제직되었으며 모시는 평직과 얽음직의 직물이 조사되었다. 삼베와 모시 모두 실은 오른쪽으로 꼬임을 준 우연사(右撚絲)가 주를 이루며 드물게 좌연사가 사용되기도 하였다.

견직물은 직물의 조직별로 구분해보면 평직, 능직, 중조직, 익조직, 그리고 얽음직으로 분류할 수 있다. 평직은 실의 꼬임과 굵기, 직물의 밀도 등을 달리한 다양한 유형의 직물이 조사되었다. 경사에 좌연사를 사용한 평견, 경사의 밀도가 상대적으로 높은 경무직, 바디살의 흔적이 나타나는 초(綃) 혹은 사(紗), 실과 실 사이의 공간이 많은 초, 2종류 굵기의 위사를 사용하여 줄무늬를 표현한 것, 변형평직으로 직조한 평견이 조사되었다. 능직의 직물은 단위무늬를 파악할 수 없으나 기하무늬의 문능이 출토되었다. 중조직은 평직의 바닥에 경사방향으로 무늬를 표현한 평지경금(平地經錦)이다. 익조직으로는 무문라(無紋羅), 문라(紋羅)가 있고, 얽음직으로 짠 끈목도 발견되었다. 이 외에도 가죽끈과 계(罽)로 추정되는 직물도 확인되었다.

현재까지 조사된 염직물은 타원형이 반복되는 모시가 유일하나 수착직물의 특성상 본래의 색상이 남아 있지 못하다는 것을 감안한다면 여러 색상의 직물과 문직물이 사용되었을 것을 충분히 짐작할 수 있다.

가야 고분의 유물에 남은 바느질기법은 삼베의 가장자리를 감침질한 것과 격자무늬를 표현하는 일종의 누비기법, 그리고 가죽 바느질법이 조사되었는데 이 기법들은 현재도 사용되고 있다.

가야의 각 고분에서 발굴되는 뛰어난 유물들을 볼 때 당시 훌륭한 직물 문화가 있었다는 것을 짐작할 수 있으나 현재까지 조사된 직물은 극히 일부분에 지나지 않는다. 앞으로 계속되는 발굴과 과학적인 조사와 연구를 통해 가야의 직물문화가 좀 더 명확하게 밝혀질 수 있기를 기대한다.

참고문헌

『三國史記』券33 雜志 第2 色服

『三國遺事』卷第二 紀異第二 駕洛國記

『三國志』第十三 烏丸鮮卑 東夷傳· 第三十 馬韓

『釋名』券四 采帛

강정무·박윤미, 2009, 「황오동 100번지유적 출토 섬유류 소개」, 『서라벌고고』 제2호.

고령대가야박물관·경북대학교고고인류학과·경북대학교박물관, 2009, 『大伽耶王陵 高靈
　　池山洞44號墳』.

동아세아문화재연구원, 2006, 『문화유적 발굴조사 보고서』 제8집.

경성대학교박물관, 2014, 『연산동 M8호분』.

박승원, 2011, 「무령왕릉 출토 직물의 종류와 성격」, 『무령왕릉을 격물하다』, 국립공주박
　　물관.

박윤미, 2002, 「加耶古墳의 銹着織物에 관한 硏究」, 경상대학교대학원 박사학위논문.

＿＿＿, 2007, 「말흘리 유적 출토 수착직물의 특성과 유물의 재구성」, 『한국고고학보』 제
　　64집.

＿＿＿, 2011a, 「천마총 출토 직물의 특성」, 『신라문문연구』 4집.

＿＿＿, 2011b, 「백제 금동관 및 관식 부착 직물의 종류와 특성」, 『백제의 冠』 논고, 국립
　　공주박물관.

＿＿＿, 2015, 「고대 끈목의 특성과 제직 기법에 관한 연구」, 『아시아민족조형학보』 15집.

＿＿＿, 2019, 「복천동 고분군 출토 유물에 남은 직물흔」, 『1,600년전 복천동 사람들』, 복
　　천박물관.

이은석, 2012, 「고대 동북아시아 계(繫)에 관한 연구」, 『중앙고고연구』 11호.

임지영, 2019, 「화석이 된 복천동 고분군의 가죽과 동물털」, 『1,600년전 복천동 사람들』,
　　복천박물관.

임지영 외 2인, 2010, 「삼국시대 종장판갑 부착 유기질 연구」, 『한국고고학보』 제75집.

黃能馥·陳娟娟, 2016, 『중국의 비단역사 칠천 년』, 이희영 역, 한국학술정보.

Masako Kinoshita, 2000, L-M BRAIDING in China from the First Century BC, *L-M
　　BRIC News No.3*, L-M Braiding Research & Information Center(http://www.
　　lmbric.net/n3/n3.html)

Mari Omura, 2011, Study of Ancient Braiding Techniques throughout East Asia
　　and Their Recostruction, *International Conference on Culture Heritage
　　Preservation*, Management and Development.

小村眞理·田中由理·木澤直子, 2011, 「古代韓國の組紐」, 『傳統文化と未來をつなぐ組紐』, 組
　　紐·組物學會.

「가야 고분군 출토 직물」 논고에 대한 질의

민보라 국립대구박물관

고대 직물의 경우 다른 시대에 비해 출토 사례가 많지 않으며 재질의 특성상 조사연구가 쉽지 않다. 특히 가야의 직물은 칼이나 갑옷 등에 수착 직물의 형태로 나타나기 때문에 직물의 세부 형태를 파악하기 매우 힘든 일이다. 따라서 세부 조사가 불가능한 일부분의 직물편은 여전히 견, 마 등으로 일괄표기를 하는 한계점이 있기도 하다. 그러나 최근 과학적 방법론과 새로운 기술을 바탕으로 가야의 직물에 관한 연구 결과는 꾸준히 진전된 상태이며 과거에 밝히지 못했던 직물이 새롭게 조망되기도 한다.

이번 발표자인 박윤미 선생께서는 1999년부터 가야직물에 대한 연구[1]를 진행하여 현재까지 상당한 결과를 이루어냈다. 고대 직물이라는 어려운 분야에서 일구어낸 연구 결과들을 가지고 논문을 작성하는 것은 힘들고 쉽지 않은 일이다. 그에 비해 토론을 하는 것은 작은 일이라 송구스럽다. 이번에 직물을 재현한 것은 그동안 축적된 가야 직물 연구의 결과를 보여준다는 점에서 매우 고무적인 일이다. 가야 직물의 연구 범위를 넓히고 구체화했다는 점에서 귀감이 된다. 이에 본 논고와 관련하여 토론보다는 다음의 몇 가지 질문으로 대신 하고자 한다.

첫째, 복원 작업 시 대상 직물의 선정에 대한 기준과 염색 시 색의 표

....

1   박윤미·정복남, 1999 「가야의 직물에 관한 연구-옥전고분군(玉田古墳群)의 출토유물을 중심으로」, 『복식』 제49권, 한국복식학회.

준 데이터와 관련된 부분이다. 고대 직물은 금속이나 철기 유물에 수착된 형태가 대부분이기 때문에 직물을 파악하는 데 어려운 점이 있다. 복원 혹은 재현을 위해서는 축적된 데이터를 바탕으로 일정한 기준을 마련하는 작업이 필요하다고 생각된다. 이에 재현 대상 직물을 선정하는 기준과 염색 시 색상과 관련된 표준 데이터를 어떻게 설정했는지 추가 설명을 부탁드린다.

둘째, 현재까지 연구된 가야 직물은 주로 직물편의 조직 분석이 대부분이었으며, 바느질 기법과 관련하여서는 다소 가볍게 다루어졌다. 이는 수착직물이거나 작은 편으로만 존재하는 경우가 대부분이었기 때문일 것이다. 고대의 바느질 기법이 현재도 사용하고 있는 것과 크게 다르지는 않을 것이나 이번 논고에서(도49~53) 직물의 바느질 기법에 대한 내용은 매우 흥미롭다. 다만, 사진과 도판 설명으로는 쉽게 이해가 가지 않는 부분이 있다.

[도 51]의 복천동 38호 환두대도의 마직물을 바늘 2개로 꿰맨 것으로 추정하신 것에 대한 부연 설명을 부탁드린다. 또 마직물과 가죽을 한꺼번에 꿰매기 위해서는 [도 49] 동모의 감침질과 비슷한 기법이 필요할 것으로 짐작된다. 이 부분에 대한 발표자의 생각을 듣고자 한다.

셋째, 현재 가야에 대한 연구는 주로 고고학계에서 진행되고 있으며 2000년 이후에는 고분 이외에도 다양한 유적이 조사되고 있다. 그러나 여전히 생활과 관련된 조사는 부족한 편이고 특히 직물과 복식에 관련된 연구는 매우 부진하다. 발표된 논문의 수량은 물론 연구자의 공급도 원활하지 않은 상태라는 것이다. 이와 관련하여 가야 직물의 연구를 먼저 시작한 전문가로서 고대직물의 연구와 복원을 위한 방향성에 대해 견해를 부탁드린다.

4

古代織物の研究方法論
― 科学的な視点から古代の織物を探る ―

奥山誠義 奈良県立橿原考古学研究所

I. はじめに

　我々の生活上必要なものとして「衣・食・住」という概念がある．文字通り，「衣」は身の回りの装いを意味し，「食」は食生活を，「住」は安息を提供する住まいすなわち住居を意味している．これらは人々の最低限の生活を支える要素であるが，これがいつの頃からの概念であるかは定かではない．衣に限れば，紡ぎ織る機械や部品が出土していないため想像の域を出ないが，縄文時代には土偶に装束的な装飾も見られるためその頃までには「衣」を手にしていたものと思われる．すなわち，四季や寒暖差の大きな地域において，何も羽織っていなかったとは考えがたく，野山に自生する樹木の樹皮を用いて糸を作り，むしろを編むように織物を作り上げていたものと考えられる．筆者が主なフィールドとする日本においては，繊維が使用されたのは，おそらくは縄文時代よりも遙か昔からであったと考えられるが，遺跡からの出土品が確認されているのは，縄文時代以降である．時代ごとに利用される繊維の変遷(図1)を見れば，縄文時代草創期にはすでに大麻製の縄が作られており，繊維の利用が開始されていたことが分かる．日本では年間9,000件前後の埋蔵文化財調査，いわゆる遺跡の発掘調査が行われ，その発掘調査では，様々な遺物が出土している．天然繊維から成る織物などの繊維製品もわずかながら出土している．織物を含む出土繊維製品は，顕微鏡等を用いた形態分析による繊維鑑定がおこなわれ，考古学および文化財分野における繊維研究が大きく進展した．また，材料調査のため化学分析の手法が導入され出土繊維製品に対して「化学情報」を基にした議論が行われるようになった．現在は幅広い手法で織物やその材料の研究が行われている．

　本稿では，限定的な内容ではあるが，古墳時代の織物の考古学と科学が共同で取り組んでいる筆者らの研究についてご紹介したい．

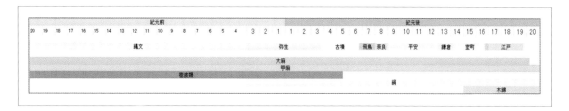

[図1]　日本における繊維の種類と流通した時代

II. 研究方法

　出土品に伴う織物を最初に目にするのは，恐らく発掘担当者であって，出土品を手にして，そこに織物が残っていることを初めて認識するはずである．日本のような温暖湿潤な環境では，地中に埋まった織物が出土する例はそれほど多くない．日本で織物が出土する例は，沼地や河川跡，溝跡などの湿った場所であるかあるいは金属製品が残るやや乾燥した環境でなおかつ金属製品に接触しているような条件下であることが多い．織物だけが出土する例は稀と言っても過言ではない．

1.「視(み)る」

1)眼で「視る」

① 織物の存在を確認する

　織物の有無は，まず眼で見ることから始まる．ただし，だれもが容易にその存在を確認できるわけではないようである．じっくり見る機会に恵まれた場合，あるいは「何か付いている(付着している・存在している)という先入観を持って見た場合に発見されることが多いようである．実際に筆者ら

は2年ほどかけて奈良県立橿原考古学研究所附属博物館所蔵の金属製品約4,000点を実見した結果, これまで織物の付着が確認されていなかったものも含め「織物付着の金属製品」を200点近く確認した(写真1～3).

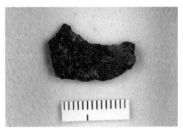

[写真1] 新沢262号墳 刀装具

[写真2] 新沢50号墳

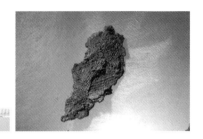

[写真3] 小泉大塚古墳 布片

② 織物の全体を「視る」

ヒトの眼の分解能は, 0.1mm(100μm)とも言われている. これはヒトの髪の毛の太さ程度である(写真4). この「ヒトの眼」で見ることができるのは, 織物の広がり(分布), 織物織り方(織り), 糸のつくり(紡績法)である. この情報からどのような織物が存在しているのかある程度理解することができる(写真5). そしてその結果, どのような織物が利用されていたかを理解することができる.

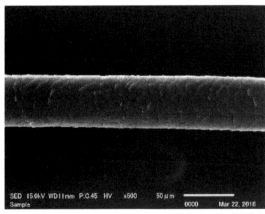

[写真4] ヒトの毛髪(SEM画像)

[写真5] 織物の織りと糸の様子

2) 拡大して「視る」

肉眼で見えないものは, 顕微鏡など観察機器を利用する必要がある. 次に機器類の一例を挙げ, 一部について解説する.

（1）顕微鏡観察（生物・実体）：Optical Microscope Observation（Biological Microscope, Stereo Microscope）

（2）デジタルマイクロスコープ; Digital Microscopic Observation（生物・実体）

（3）走査型電子顕微鏡; Observation using Scanning Electron Microscope（SEM）

（4）ラミノグラフィ; Laminography・μ–フォーカスX線CT; μ-focused X-ray computed tomography

ラミノグラフィは, CTと同様に試験片を回転させながら二次元の透過像を多数測定し, バックプロジェクションにより断層像を再構成する技術である（佐野ら 2016）. ラミノグラフィは, 板状の試験片を観察する手段

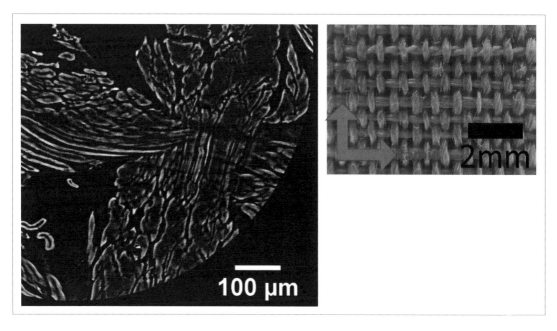

[写真6] 麻の織物のラミノグラフィ像（上：サンプル）

として優れ, 電子基板などの非破壊検査に用いられている(S Gondrom et al. 1999). 写真6は, 苧の平織(経糸：大麻, 緯糸：苧麻)のラミノグラフィ像を示した(奥山 2017). 繊維断面の特徴が現れており, 繊維の同定が可能な精度が得られた. また, 単繊維が糸を構成している様子や織りの構造が明瞭に観察できた. 本法によれば, 非破壊で繊維の同定が可能である.

2. 材料調査

1) 赤外分光分析; Fourier Transform Infrared Spectroscopy(FT-IR)

赤外分光分析法は, 文字通り赤外線を利用した材料分析の技術である. 物質を構成する分子・原子団は, 絶えず様々な運動をしている(図 2). これは分子振動と呼ばれる. 各分子・原子団の分子振動は固有の振動数を持っている. 物質に赤外線を照射すると, 構成する分子・原子団の振動数に応じた波長の赤外線を吸収する(赤外吸収). この赤外吸収は, 各分子・原子団に固有であるため. この赤外線を吸収する波長を調べることによって, 物質を構成する分子・原子団を特定することができる. この技術を用いた分析法が赤外分光分析である. 赤外分光分析では, 縦軸に赤外線の透過率(あるいは吸光度)を, 横軸に赤外線の波長の逆数(波数と呼ぶ)あるいは波長をプロットしチャート化した赤外吸収スペクトル(IRスペクトル)を得る(図 3). このIRスペクトルを解析し, 物質の定性・定量分析を行うことができる. 赤外分光分析法には様々な分析手法が考案されているが, 中でも文化財分野で利用されている分析法は, ①顕微赤外分光分析法；FT-IR Micro-spectroscopy, ②全反射法；FT-IR Attenuated Total Reflection (FT-IR ATRまたは単にATR), ③光音響赤外分光分析；FT-IR Photoacoustic infrared Spectroscopy (FT-IR PAまたはPAS)が挙げられる.

以下に分析方法とその分析例を紹介する.

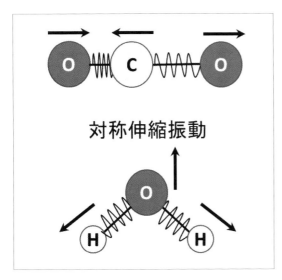

[図 2] 分子振動(一例)

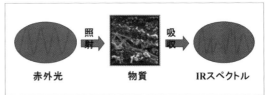

[図 3] IR分析(概念図)

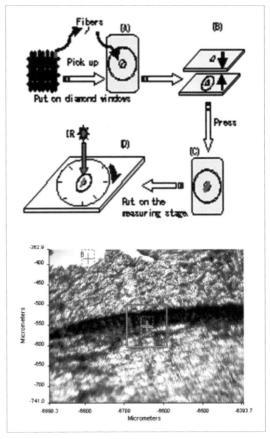

[図 4] 顕微FT-IRの分析方法(上：試料化,下：観察画像)

① 顕微赤外分光分析法；FT-IR Micro-spectroscopy

　この分析方法は，顕微鏡下で観察・採取した微小片を(薄膜化し)そのまま測定することができる(図 4). きわめて少量・小さな試料で測定が可能であるため，文化財には適した方法の一つである.

　本法による分析の一例として，奈良県天理市下池山古墳出土青銅鏡付着縞織物の分析結果を挙げる.

　下池山古墳は奈良県天理市に所在する3世紀後半から4世紀初頭の築造と考えられる古墳(前方後方墳)である[奈良県立橿原考古学研究所編 2008]. 縞織物は主体部石室に隣接する「小石室」内に残存した直径38cmの銅鏡に付着した状態で出土した織物である(写真 7上). 織組織が明瞭に観察できる資料であったが,繊維の劣化が進行し光学顕

微鏡や電子顕微鏡などにより断面観察するための材質鑑定試料を得ること
は困難であった. 織物は銅鏡の銅成分の影響を受けているものと想定され
たため測定試料には組織に注目しながら各箇所より微少量の試料を採取し
た(写真7中).

　赤外スペクトル測定には大型放射光施設SPring-8の赤外物性ビームラ
インBL43IRを利用した. 測定に際し繊維試料は, 実体顕微鏡または肉眼で観
察しながら微小な試料片を採取し, ダイアモンドセル(住友電
工ハードメタルDiamond Express)の2枚のダイアモンドの窓板
の間に挟んでプレスし赤外光が透過する程度の薄い試料と
したのち再び窓板を分解し, 試料が付着した方の窓板を赤外
顕微鏡の回転試料ステージに載せた(写真7下).

　縞織物中央の茶色縞部分を測定した結果を図5に示す.
図5中の (a)は下池山古墳試料(縞織物中央の茶色縞部分), (b)
は現代参照品の家蚕精練絹糸である. 3300cm^{-1}に吸収を持つ
鋭いピークはN-H 伸縮に帰属されるピークである. 現代参照

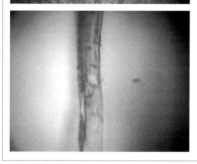

[写真7] 下池山古墳出土青銅鏡(上),
織物片(中), 分析時の画像
(下・中央は赤外光照射範囲=φ10μm)

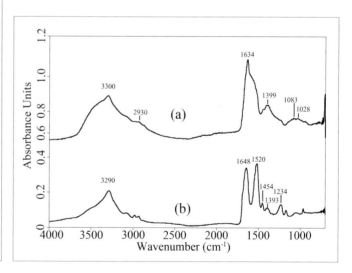

[図5] 下池山古墳出土縞織物片のIRスペクトル(a). (b)は現代産精錬絹糸

品と比較して出土試料スペクトルの低波数側ではアミドⅠ(1648cm⁻¹), アミドⅡ(1520cm⁻¹)のピーク間の境界がほとんどなく, ピーク全体が1634cm⁻¹のピークトップとそれに続くショルダーとからなっている. この現象は出土絹繊維に共通して生じており, 著者らのこれまでの研究により詳細な解析がなされている【M.Sato (2005-2008)】

　図5(a)では, 強度は小さいが2930cm⁻¹と2850cm⁻¹のピーク(メチレン基の対称伸縮振動および逆対称伸縮振動に帰属するピーク)が確認できる. これは図5(b)の現代参照品の家蚕精練絹糸でも確認できるピークである. また, 1449cm⁻¹と1399cm⁻¹はCH_3-N 変角に帰属されるピークである. 1100〜1000cm⁻¹の波数領域では1083cm⁻¹と1028cm⁻¹をピークトップとする幅広いピークが存在する. スペクトルパターンの類似性と繊維組織観察からこの縞織物中央の茶色縞部分は絹繊維であると考えられる.

　② 全反射法; FT-IR Attenuated Total Reflection (FT-IR ATRまたは単にATR) 試料表面で全反射する光を測定し, 試料表面の吸収スペクトルを得る方法である. プリズムに試料を密着させ, プリズムから試料内部にわずかにもぐり込んで反射する全反射光を測定すると, 試料表層部の吸収スペクトルを得ることができる(図6).

　固体試料を測定する場合, 試料をプリズムに押し付ける必要があるが, この押し付ける力によって試料の状態が変化し, スペクトルが変化することがある. 透過スペクトルに比べピークが歪んだり, 低波数側にシフトすることがある.

　本法による分析の一例として, 奈良県川西町島の山古墳出土木棺付着織物の分析成果を挙げる. 島の山古墳は, 奈良県磯城郡川西町に所在する全長190 mにおよぶ前方後円墳である. 被葬者が埋葬されていた木製の棺(木棺)の内部には

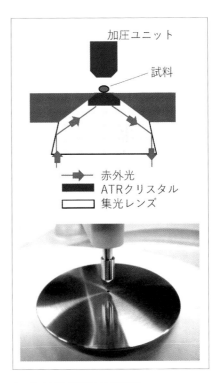

[図6] ATR法原理(上)と測定部

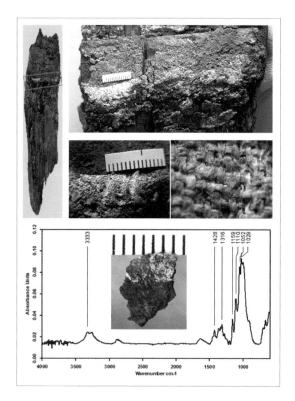

[図7] ATR法による島の山古墳出土織物片の分析結果

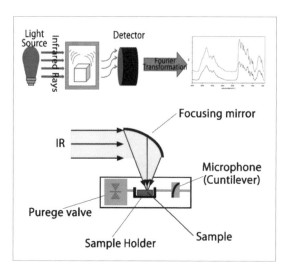

[図8] PASの原理(上)と測定機模式図(下)

櫛(竪櫛)や刀子のほか, 石製の合子, 玉を連ねた腕輪等多数の副葬品が発見された【奈良県立橿原考古学研究所編, 2019】. 木棺材の繊維方向に直交する方向に白色の平紐状の織物が残っていた. その織密度は, 40本×30本/cm程度であった.

脱落片より白色繊維を採取, FT-IR/ATR分析を実施した(図 7). 測定の結果, 複数の顕著なピークが検出された. 各々のピークの帰属を検討すると, 1428cm⁻¹, 1159cm⁻¹, 1110cm⁻¹, 1062cm⁻¹はいずれもセルロース・ヘミセルロース帰属するピークであった. この結果より, 白色の織物が植物繊維製であることが明らかとなった.

③ 光音響赤外分光分析; Photo acoustic infrared spectroscopy (PAS. PAとも呼ばれる)

光音響効果(photoacoustic effect)は1880年, Alexander Graham Bellによって発見された現象で, 連続した光を物質に照射するとその光と同じ波数の光が物質から発生する現象である【T. Sawada 1986, S.Ochiai 2011】. 光を物質に当てると, 光エネルギーを吸収した分子が同じ波数のエネルギーを出し, その熱により周りのガスが膨張する. この膨張するときの振動を特殊なマイクロホン等で測定し, そのエネルギーを放出している物質の組成を分析する(図 8 上).

この原理を赤外分光分析に応用したも

のが，光音響赤外分光法(Photoacoustc Infrared Spectroscopy：PAS)と呼ばれている．PASは，一定寸法以下の試料ならば試料容器(サンプルホルダー)に試料を入れるだけで，非破壊でIR測定が可能である(図8下)．採取・混合・加圧といった試料の変形や損傷を伴う前処理作業が何ら必要なく，試料からの情報を得ることが可能である．文化財に対してはこれまでに広く利用されてこなかったため，筆者らが基礎的な研究を進めてきた(奥山 2015)．

　本法による分析の一例として，奈良県川西町島の山古墳出土青銅鏡に伴う織物のPAS測定を実施した．

　前項で触れたように木棺の内部には櫛(竪櫛)や刀子のほか，石製の合子，玉を連ねた腕輪等多数の副葬品が発見された．これらと共に青銅製の鏡も3面発見されている．この青銅鏡には多量の織物が貼り付いた状態で発見された(写真

[写真8] 島の山古墳出土青銅鏡に付着する織物

8上)．いかなる織物が利用されていたのか調査するため，青銅鏡から脱落した小片(図9上)を用いてPAS測定を実施した．測定の結果を図9下に示した．

　PAスペクトルからは，的確に合致する物質の同定は困難であった．これは青銅鏡の主成分である銅(Cu)，錫(Sn)，鉛(Pb)による腐食生成物，一般的に呼ばれる「錆」が織物に影響を及ぼしているためと考えられる．また，埋蔵されていた土壌などの影響もある．このように出土品に伴う付着物の分析では腐食生成物等の影響を受けていることが非常に多くみられる．

　本試料においては，古墳時代の織物の主要な材料である絹(動物性繊維)と麻類(植物繊維)との比較検討を行った．1640cm^{-1}, 1428cm^{-1}, 1110cm^{-1}付近，

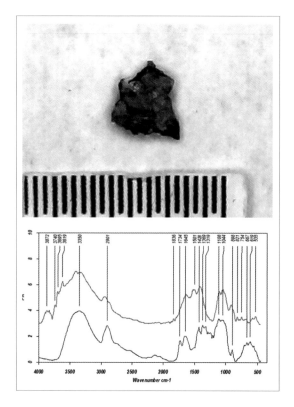

1040cm⁻¹, 890cm⁻¹付近に植物繊維に共通する吸収帯が得られており，植物繊維であることが確認できた．一方，植物繊維に由来しない吸収帯も検出しており，土壌や腐食生成物の吸収帯も確認されており，繊維材料同定の困難さを表している．

[図 9] 島の山古墳出土青銅鏡の落下片(上)とIRスペクトル(下)

III. まとめ

　人々のくらしの基本となる「衣・食・住」から歴史を紐解く研究は重要な視点である。古代の織物の実態を探る研究はまだ続いている。各種の調査・研究を進めるたびに新しい発見がある。思いもよらないところに織物が残っていたり、材質を調べると観察結果と異なっていた、ということもしばしばである。「視る」ことは重要である。恐らくその段階でほとんどの重要な情報が得られていると考えられる。しかし、もう一歩「科学の眼」で視ることによって、さらに新しい情報が得られる。新しい情報を考

古学や加工技術(製作技術)へフィードバックすることによって、古代の織物を作り、使った人々の生活や習慣を再現することができるものと考える。古代の生活・暮らしを明らかにするため、多くの研究者によって古代の織物の実態が明らかになっていくことを期待したい。

　　謝辞

　　本稿に関する研究実施にあたり、放射光顕微赤外分光分析については高輝度光科学研究センター(JASRI)森脇太郎博士ならびに池本夕佳博士にご指導・ご助言を賜った. また, IR測定およびPAS測定については河﨑衣美氏ならびに勝川若奈氏に協力いただいた。また, 出土品資料調査および考古学については水野敏典氏ならびに北井利幸氏、小倉頌子氏、榎本恵美氏にご助言, ご協力いただいた. ここに記して感謝の意を表します. 本稿の研究成果には日本学術振興会科学研究費補助金(JSPS科研費)17H02023の成果を含んでいる.

参考文献

L. Helfena, T. Baumbach et al., High-resolution three-dimensional imaging of flat objects by synchrotron-radiation computed laminography, *Applied Physics Letters* Vol.86 Issue 7, 2005.

奥山 誠義, 佐藤 昌憲.「光音響赤外分光法(PAS) による文化財分析の基礎的研究—繊維文化財への適用性の検討—」『繊維学会誌』71巻 1号, 2015.

奥山誠義, 佐藤 昌憲, 絹畠 歩「放射光ラミノグラフィによる出土繊維製品の非破壊調査」『繊維学会予稿集』1P165 繊維学会, 2017.

M.Sato: JASRI (SPring-8) (BL43IR), (2005-2008) Applied Subject Number:2005B0500,2006A1030,2007A1045,2007B1174,2008A1249

奈良県立橿原考古学研究所編.『橿原考古学研究所研究成果第9冊下池山古墳の研究』, 奈良県立橿原考古学研究所, 2008.

奈良県立橿原考古学研究所編.『奈良県立橿原考古学研究所調査報告書183集島の山古墳前方部埋葬施設の調査』, 2019.

佐野雄二, 政木清孝, 梶原堅太.「ラミノグラフィによる産業用構造材料接合部の疲労き裂の評価」,『放射光』Vo1.29 No.1p.32, 2016.

S. Gondrom, M. Maisl, H. Reiter et al., X-ray computed laminography: an approach of computed tomography for applications with limited access, *Nuclear Engineering and Design*, Vol.190 Issues 1-2 p.141, 1999.

S. Ochiai. *Journal of the spectroscopical research of Japan*, 60(1) p.24, 2011.

沢田嗣朗 編.『光音響分光法とその応用 – PAS』, 学会出版センター, 1986.

4

고대직물의 연구방법론

— 과학적인 시점에서 고대의 직물을 탐색하다

오쿠야마 마사요시 　나라현립 카시하라고고학연구소

.

I. 머리말

우리의 생활상에 필요한 '의·식·주'라는 개념이 있다. 말 그대로 '의(衣)'는 신체 주변 장식을 의미하고 '식(食)'은 식생활을, '주(住)'는 안식을 제공하는 거주지, 주거를 의미한다. 이는 사람들이 최저한의 생활을 유지하는 데 필요한 것인데 언제부터 이러한 개념이 생겼는지 정확하게 알 수 없다. 衣에 한정시켜보면 방직용 기계나 부품이 출토되지 않기 때문에 상상의 영역을 벗어나지 않지만 죠몬시대 토우에서 옷차림 장식도 확인되므로 이 시기에 '의'를 활용했던 것으로 생각된다. 즉, 사계절이나 온도 차가 큰 지역의 경우 무언가를 두르지 않았다고 보기는 어려워 야산에 자생하는 수목의 껍질을 사용하여 실을 만들고 엮어 만든 직물을 제작했던 것으로 판단된다. 필자의 주요 필드인 일본의 경우 섬유가 사용된 것은 아마도 죠몬시대보다도 훨씬 오래전부터라고 생각되지만 유적에서 출토품이 확인되는 것은 죠몬시대 이후부터이다. 시대에 따라 이용되는 섬유의 변천(도 1)을 살펴보면 죠몬시대 초창기에는 이미 대마로 만든 노끈이 제작되어 섬유 이용이 개시되었음을 알 수 있다. 일본에서는 연간 9,000건 전후의 매장문화재가 조사되는데 유적 발굴조사가 실시되는 유적에서는 다양한 유물이 출토되고 있다. 천연섬유로 만든 직물과 같은 섬유제품도 드물게 출토되고 있다. 직물을 포함한 출토 섬유제품은 현미경 등을 사용한 형태분석으로 섬유를 동정할 수 있는데 고고학 및 문화재 분야에 있어서 섬유연구가 크게 진전되었다. 또, 재질조사를 위한 화학분석 방법이 도입되어 출토 섬유제품에 대한 '화학적 정보'를 바탕으로 논의가 진행되면서 현재는 폭넓은 방법으로 직물과 그 재료 연구가 실시되고 있다.

본고에서는 한정적인 내용이긴 하나 일본 고훈시대 직물의 고고학과 과학이 공동으로 진행하고 있는 필자들의 연구를 소개해 보고자 한다.

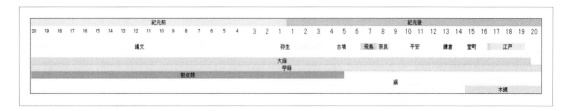

[도 1] 일본의 섬유 종류와 유통 시기

II. 연구방법

　출토유물에 공반된 직물을 처음 발견한 사람은 아마도 발굴 담당자
인데, 출토품을 접하고 유물에 직물이 잔존하고 있다는 사실을 처음 인식
할 것이다. 일본처럼 온난습윤한 환경에서는 지중에 묻힌 직물이 출토되
는 사례가 그렇게 많지 않다. 일본에서 직물이 출토되는 경우는 습지나
하천 유적과 같은 습한 장소이거나 금속제 유물이 잔존하는 건조한 환경
에서 금속유물에 접촉된 조건하에서 확인되는 경우가 많다. 직물만 출토
되는 사례는 거의 없다고 해도 과언이 아니다.

1. '視'

1) 눈으로 '보다'

① 직물의 존재를 확인하다

　직물의 유무는 먼저 눈으로 보는 것에서 시작된다. 단 누구나 용이
하게 그 존재를 확인할 수 있는 것은 아니다. 관찰할 기회를 갖게 될 경
우, 또는 '무언가가 붙어 있다(부착되어 있다, 존재하고 있다)'라는 선입관을
가지고 관찰할 경우에 발견하는 경우가 많다. 실제로 필자들은 2년 정도

나라현립 카시하라고고학연구소 부속 박물관 소장 금속유물 약 4,000점을 실견한 결과 이제까지 직물 부착이 확인되지 않았던 유물을 포함하여 '직물부착 금속유물'을 200점 가까이 확인하였다(사진 1~3).

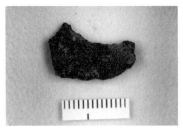

[사진 1] 新沢262호분 刀装具

[사진 2] 新沢50호분 箭籙片

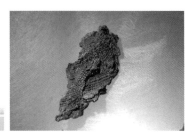

[사진 3] 小泉大塚古墳 布片

② 직물 전체를 '보다'

인간 시력의 분해능은 0.1mm(100㎛)라고 한다. 이는 인간 모발의 굵기 정도이다(사진 4). 이 '인간의 눈'으로 볼 수 있는 것은 직물의 분포, 직물의 직조 방법, 실의 제작방법(방추법)이다. 이러한 정보를 통해 어떻게 직물이 존재하고 있는지 어느 정도 이해할 수 있다(사진 5). 그리고 그 결과 어떠한 직물이 이용되고 있었는지 확인할 수 있다.

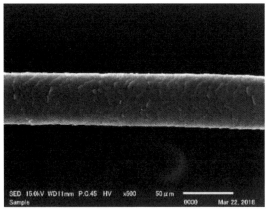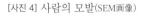

[사진 4] 사람의 모발(SEM画像)

[사진 5] 직물의 짜임과 실의 양상

2) 확대하여 '보다'

육안으로 보이지 않는 것은 현미경 등 관찰기기를 이용할 필요가 있다. 다음의 기기류 사용 일례를 들어 그 일부에 대해 설명하고자 한다.

(1) 현미경 관찰(생물·실체)[Optical Microscope Observation (Biological Microscope, Stereo Microscope)]

(2) 디지털 마이크로스코프(Digital Microscopic Observation)(생물·실체)

(3) 주사전자현미경[Observation using Scanning Electron Microscope (SEM)]

(4) 라미노그래피(Laminography·μ－フォーカスX線CT; μ-focused X-ray computed tomography)

라미노그래피는 CT와 마찬가지로 시편을 회전시켜 2차원의 투과상을 다수 측정, 백프로젝션으로 단층상을 재구성하는 기술이다(佐野 외 2016). 라미노그래피는 판상의 시편을 관찰하는 수단으로 유효하고 전자

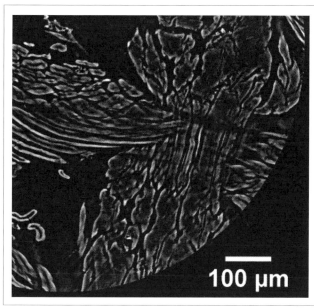

[사진 6] 마직물의 평직 라피노그래피상(상: 샘플)

기판 등 비파괴 조사로 분석이 가능하다(S. Gondrom et al. 1999). [사진 6]
은 마직물 평직(경사: 대마, 위사: 저마)의 라미노그래피상을 나타낸 것이다
(奧山 2017). 직물 단면의 특징이 확인되어 직물 동정이 가능한 정밀도를
얻을 수 있다. 또 단섬유가 실을 구성하고 있는 양상이나 직조 구조도 명
료하게 관찰된다. 이 방법을 활용하면 비파괴로 섬유 동정이 가능하다.

2. 재료조사

1) 적외분광분석[Fourier Transform Infrared Spectroscopy(FT-IR)]

적외분광분석법은 문자 그대로 적외선을 이용한 재질분석 기술이
다. 물질을 구성하는 분자·원자단은 끊임없이 다양한 운동을 한다(도 2).
이를 분자진동이라고 한다. 각 분자·원자단의 분자진동은 고유의 진동수
를 가진다. 물질에 적외선을 조사하면 구성 분자·원자단의 진동수에 대
응하는 파장의 적외선을 흡수한다(적외흡수). 이 적외흡수는 각 분자·원
자단에 고유하므로 이 적외선을 흡수하는 파장을 조사하면 물질을 구성
하는 분자·전자단을 특정할 수 있다. 이 기술을 활용한 분석법이 적외분
광분석이다. 적외분광분석은 종축에 적외선의 투과율(또는 흡광도)을, 횡
축에 적외선의 파장 역수(파수) 또는 파장을 플로트한 차트화하여 적외
습수 스펙트럼(IR스펙트럼)을 얻을 수 있다(도 3). 이 IR스펙트럼을 해석하
여 물질의 정성·정량 분석을 실시할 수 있다. 적외분광분석법에는 다양
한 분석기법이 고안되었는데 그 중에서도 문화재 분야에서 이용하는 분
석법은 ① 현미적외분광분석법(FT-IR Micro-spectroscopy), ② 전반사법
[FT-IR Attenuated Total Reflection(FT-IR ATR또는 ATR)], ③ 광음향적외분
광분석[FT-IR Photoacoustic infrared Spectroscopy(FT-IR PA 또는 PAS)]을
들 수 있다.

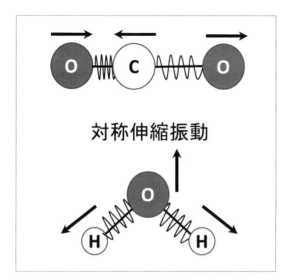

[도 2] 분자진동(일례)

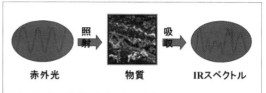

[도 3] IR분석(개념도)

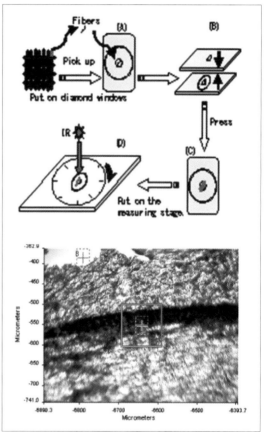

[도 4] 현미FT-IR 분석방법(上: 시료화, 下: 관찰화상)

다음은 분석 방법과 그 분석 사례를 소개한다.

① 현미적외분광분석법(FT-IR Micro-spectroscopy)

이 분석 방법은 현미경하에서 관찰·채취한 미소편을(박막화) 있는 그대로 측정할 수 있다(도 4). 극히 소량의 작은 시료로도 측정이 가능하여 문화재에 적합한 방법의 하나이다.

이 방법의 분석 사례로 나라현 천리시 시모이케야마 고분 출토 청동경 부착 시마오리모노(縞織物)의 분석 결과를 소개하고자 한다.

시모이케야마 고분은 나라현 천리시에 소재하는 3세기 후반에서 4세기 초두에 축조된 것으로 추정되는 고분(전방후원분)이다(奈良県立橿原考古学研究所 編 2008). 시마오리모노는 주체부 석실에 인접한 '小石室' 내에 잔존한 직경 38cm의 동경에 부착되어 있다(사진 7 上). 직조직이 명료하게 관찰되는 자료인데 섬유의 노화가 진행되어 광학현미경이나 전자현미경 등을 활용한 단면관찰로 재질동정을 실시할 시료를 얻기 어려운 상태였다. 직물은 동경의 동 성분의 영향을 받은 것으로 상정되므로 측정시료에는 조직에 주목하여 각 개소에서 미소량의 시료를 채취하였다 (사진 7 中).

적외스펙트럼 측정은 대형방사광시설 SPring-8의 적외물성빔라인 BL43IR을 이용하였다. 측정 시 섬유시료는 실체현미경 또는 육안으로 관찰하면서 미소한 시료편을 채취하여 다이아몬드셀(住友電工하드메탈 Diamond Express) 2매의 다이아몬드 창판 사이에 끼워 프레스하고 적외광이 투과될 정도의 얇은 시료로 만든 후 다시 창판을 분리, 시료가 부착된 곳의 창판을 적외현미경 회전시료 스테지에 올렸다(사진 7 下).

시마오리모노 중앙의 갈색 세로무늬 부분을 측정한 결과를 [도 5]에 나타내었다. [도 5] 중앙의 (a)는 시모이

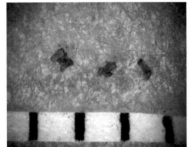
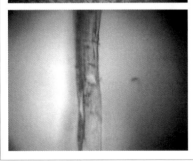

[사진 7] 시모이케야마고분 출토 청동경(上), 직물편(中), 분석 시 화상(下·中央은 적외광조사범위 = φ10μm)

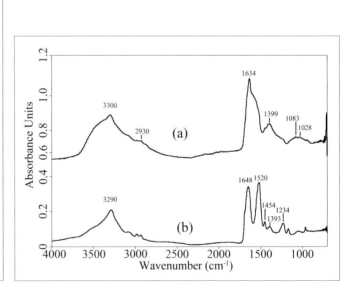

[도 5] 시모이케야마고분 출토 縞織物片의 IR스펙트럼(a)·(b)는 현대의 정련견사

케야마고분 시료(縞織物중앙의 갈색 세로줄 부분), (b)는 현생 시료인 가잠정련견사이다. 3300cm⁻¹에서 날카로운 피크가 보이는데 N-H 신축에 귀속되는 피크이다. 현생 시료와 비교하여 출토시료의 스펙트럼 저파수 측에는 아미드 I(1648cm⁻¹), 아미드 II(1520cm⁻¹)의 피크 간 경계가 거의 없고 피크 전체가 1634cm⁻¹의 피크 정점과 연속된 숄더로 이루어진다. 이 현상은 출토 견사에서 공통으로 확인되는데 저자들의 이제까지의 연구를 바탕으로 상세한 해석을 실시하였다(M.Sato 2005-2008).

[도5(a)]는 강도는 낮지만 2930cm⁻¹과 2850cm⁻¹의 피크(메틸렌기의 대칭신축진동 및 역대칭신축진동에 귀속되는 피크)가 확인된다. 이는 [도5(b)]의 현생 시료인 가잠정련견사에서도 확인되는 피크이다. 또 1449cm⁻¹와 1399cm⁻¹는 CH_3-N 변각에 귀속되는 피크이다. 1100~1000cm⁻¹ 영역에는 1083cm⁻¹와 1028cm⁻¹가 피크 정점인 폭넓은 피크가 존재한다. 스펙트럼 패턴의 유사성과 섬유조직관찰에서 이 섬유의 중앙 갈색 줄무늬부분은 견섬유라는 것을 알 수 있다.

② 전반사법[FT-IR Attenuated Total Reflection(FT-IR ATR 또는 ATR)]

시료 표면에 전반사하는 빛을 측정하여 시료 표면의 흡수 스펙트럼을 얻는 방법이다. 프리즘에 시료를 밀착시켜 프리즘에서 시료 내부에 일부지만 조사하여 반사되는 전반사광을 측정하면 시료 표층부의 흡수스펙트럼을 얻을 수 있다(도 6).

고체시료를 측정하는 경우 시료를 설치할 필요가 있는데 부착하는 힘에 따라 시료 상태가 변화하여 스펙트럼이 변화하는 경우가 있다. 투과스펙트럼에 비해 피크가 바르지 않거나 저파수측에 시프트하는 경우가 있다.

이 방법으로 분석한 사례로 나라현 와니시쵸 시마노

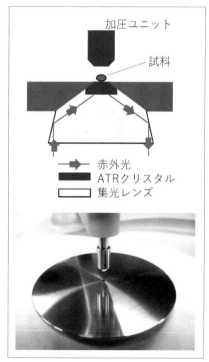

[도 6] ATR법 원리와(상) 측정부

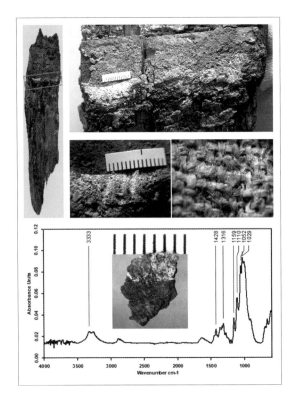

[도 7] ATR법을 사용한 시마노야마고분 출토 직물편
분석결과

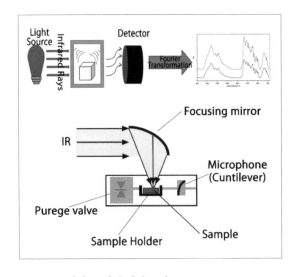

[도 8] PAS 원리(上)와 측정기 모식도(下)

야마고분 출토 목관의 부착물 분석성과를 들어본다. 시마노야마고분은 라현시 키군 카와니시쵸에 소재하는 전장190m에 달하는 전방후원분이다. 피장자가 매장된 목제 관(목관) 내부에는 櫛(竪櫛)와 도자 외에 석제 合子, 옥을 이은 팔찌 등 다수의 부장품이 확인되었다(奈良県立橿原考古学研究所 編 2019). 목관재의 수직방향에 직교하는 방향으로 백색의 매듭상 직물이 잔존하고 있다. 직물의 밀도는 40올×30올/cm 정도이다.

탈락편에서 백색 섬유를 채취 FT-IR/ATR분석을 실시하였다(도 7). 측정 결과 복수의 현저한 피크가 검출되었다. 각 피크의 귀속을 검출하면 1428cm⁻¹, 1159cm⁻¹, 1110cm⁻¹, 1062cm⁻¹는 모두 셀룰로스·헤미셀룰로스에 귀속하는 피크였다. 그 결과를 바탕으로 백색 직물이 식물섬유제라는 것을 밝힐 수 있었다.

③ 광음향적외분광분석[Photo acoustic infrared spectroscopy(PAS, PA로도 불린다)]

광음향효과(photoacoustic effect)는 1880년, Alexander Graham Bell이 발견한 현상으로 연속된 빛을 물질에 조사하면 그 빛과 같은 파수의 빛이 물질에서 발생하는 현상이다(T. Sawada 1986; S. Ochiai 2011). 빛을 물질에 조사하면 빛에너지를 흡수하는 분자가 동일 파수의 에너지를 방출, 그 열로 인해 주변 가스가 팽창한다. 이 팽창 시 진동을 특수한 마이크로폰 등으로 측정하여 에너지를 방출하는 물질의 조성을 분석한다(도 8 上).

이러한 원리를 적외분광분석에 응용한 것이 광음향적외분광법(Photoacoustc Infrared Spectroscopy: PAS)이라고 한다. PAS는 일정 크기 이하의 시료라면 시료용기(샘플 홀더)에 시료를 넣어 비파괴로 IR측정이 가능하다(도 8 下). 채취·혼합·가압 등 시료 변형이나 손상을 주는 전처리 작업 없이 시료에서 정보를 얻을 수 있다. 문화재 분석에는 이제까지 널리 이용되어 오지 않았기 때문에 필자 등은 기초적인 연구를 진행하였다(奥山 2015).

상기 분석 사례로는 나라현 카와니시쵸 시마노야마고분 출토 청동경에 부착된 직물의 PAS측정 내용을 예를 들어 설명하고자 한다.

앞 장에서 언급한 바와 같이 목관 내부에서는 櫛(竪櫛)과 도자 외에 석제 합자, 옥을 연결한 팔찌 등 다수의 부장품이 발견되었다. 이

[사진 8] 시마노야마고분 출토 청동경에 부착된 직물

와 함께 공반 출토된 청동제 경도 3면 발견되었다. 이 청동경에는 다량의 직물이 부착된 상태로 발견되었다(사진 8 上). 어떠한 직물이 사용되었는지 조사하기 위하여 청동경에서 탈락된 소편(도 9 上)을 이용하여 PAS측정을 실시하였다. 측정 결과는 [도 9 下]에 표시하였다.

스펙트럼을 바탕으로 적확하게 합치하는 물질을 동정하기는 쉽지 않았다. 이는 청동경의 주성분인 동(Cu), 주석(Sn), 납(Pb)에 의한 부식생성물, 일반적으로 '錆'이라 불리는 물질이 직물에 영향을 미쳤기 때문이라고 생각된다. 또 매장 시 토양 등의 영향도 생각해 볼 수 있다. 이러한 출토유물에 부착된 물질의 분석에서는 부식생성물 등의 영향을 받는 경

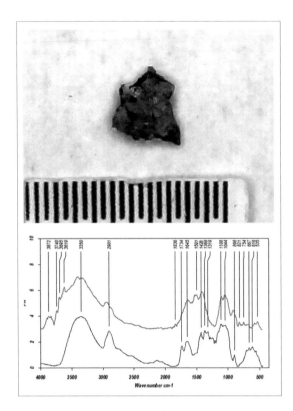

[도 9] 시마노야마고분 출토 청동경의 낙하편(上)과
IR스펙트럼(下)

우가 매우 많이 확인된다.

본 시료의 경우에는 고훈시대 직물의 주요한 재료인 견(동물성 직물)과 마류(식물섬유)와 비교하여 검토를 진행하였다. 1640cm^{-1}, 1428cm^{-1}, 1110cm^{-1} 부근, 1040cm^{-1}, 890cm^{-1} 부근에서 식물섬유와 공통되는 흡수대가 얻어지므로 식물섬유인 것을 확인할 수 있었다. 한편, 식물섬유에서 유래되지 않는 흡수대도 검출되고 있어 토양이나 부식생성물의 흡수대로 확인된다. 식물재료 동정의 어려움을 알 수 있는 사례이다.

III. 맺음말

사람들의 생활에 기본이 되는 '의·식·주'를 통해 역사를 해석하는 연구는 중요한 관점이다. 고대 직물의 실태를 탐색하는 연구는 여전히 계속되고 있다. 각종 조사·연구를 진행하면 할수록 새로운 발견이 있다. 생각지도 못한 곳에 직물이 남아 있거나 재료를 조사하면 관찰결과와 반대되는 경우도 가끔 발생한다. '視'는 중요하다. 아마도 이 단계에서 대부분의 중요한 정보가 얻어질 것이다. 그러나 한 발 더 들어가 '과학의 눈'으로 관찰하면 보다 새로운 정보를 얻을 수 있다. 새로운 정보를 고고학이나 가공기술(제작기술)에 피드백함으로써 고대 직물을 제작하고 사용한 사람들의 생활과 습관을 재현할 수 있다. 고대의 생활과 삶을 밝히기 위하여 많은 연구자들이 고대 직물의 실태를 밝히기를 기대해 본다.

　　※ 본고에 관한 연구를 실시하는 데 있어 방사광현미적외분광분석의 경우 고휘도광과학연구센터(JASRI)의 森脇太郎 博士와 池本夕佳 博士의 지도·조언을 받았다. 또 IR 측정 및 PAS 측정은 河﨑衣美 씨와 더불어 勝川若奈 씨의 협력을 받았다. 그리고 출토유물 자료조사 및 고고학 연구에 水野敏典 씨와 北井利幸 씨, 小倉頌子 씨, 榎本恵美 씨의 조언과 협력을 받았다. 여기에 기재하여 감사드린다. 본고의 연구성과는 일본학술진흥회 과학연구비보조금(JSPS科研費)17H02023의 성과가 포함되어 있다.

「고대직물의 연구방법론」에 대한 토론문

장현주 제주대학교 패션의류학과

가야학술제전의 일환으로 진행되는 〈가야직물연구 세미나〉는 가야 시대 직물의 현황을 이해하고 나아가 고대직물에 대한 과학적 접근방법론 측면에서 국내 고대직물 연구에 상당히 기여할 것으로 생각됩니다.

고대직물을 우리의 눈만으로 쉽게 확인할 수 있는 경우는 극히 드물며 대부분 어딘가에 무언가가 부착되어 있거나 존재하고 있을 거라는 선입관에서부터 먼저 관찰되는 경우가 대부분입니다.

그리고 이런 형태로 발견되는 고대직물의 성분과 특성을 과학적으로 분석하고 단정하는 것은 상당히 어렵고 조심스러운 작업입니다.

그런 점에서 '고대직물의 연구방법론-과학적인 시점에서 고대의 직물을 탐색하다-'라는 주제로 발표해 주신 나라현립 카시하라고고학연구소(奈良縣立橿原考古學硏究所) 오쿠야마 마사요시(奧山誠義) 선생님의 노고에 대해 먼저 감사드립니다. 오쿠야마 선생님이 발표하신 내용은 국내에서도 고대직물에 관해 많은 학자가 연구를 하고 있지만 항상 부족함을 느끼고 있는 매우 어려운 부분입니다.

오쿠야마 선생님은 고대직물을 연구하는 방법을 크게 두 가지로 제시하셨습니다. 첫 번째는 눈이나 관찰기기를 사용하여 보는 방법, 두 번째는 다양한 적외분광분석법 등을 이용하여 고대직물을 조사하는 방법입니다. 이 두 가지 방법에 관해 발표문에 의거하여 질문을 드리겠습니다.

첫 번째 질문입니다. 눈으로 보는 방법 중 관찰기기를 이용하여 확대하여 보는 '라미노그래피(Laminography)'는 노출 시 X선 선원과 검출기를 이용하여 관심 평면만을 명료하게 화상화시키는 단층촬영 영상기법으로 직물의 단면특징과 직조구조까지도 관찰이 가능하고 이 방법을 활용하면 비파괴조사로 섬유 동정이 가능하다고 하셨습니다. 비파괴조사를 통해 섬유 동정을 시도할 수 있다는 점에서 일반적인 현미경법과 차별화되는 방법인 것으로 보입니다. 이 라미노그래피법은 판상시료에 효과적이라는 데 칼 손잡이와 같이 입체적인 형태에 부착되어 있는 직물에는 적용이 어려운지 의견을 듣고 싶습니다. 그리고 수착직물의 경우 고대직물분석을 위한 전처리 방법에 대한 설명 부탁드립니다.

두 번째 질문입니다. 다양한 고대직물을 과학적으로 분석하고 연구하는 방법을 소개해 주셨는데 현실적으로는 과학적인 장비를 구비하고 숙달하는 데 상당히 오랜 시간과 노력이 요구됩니다. 대부분의 고대직물은 금속물, 목재, 석재, 도자기류 등 다양한 부장품에 부착된 채 발견되므로 고대직물에 대한 정확한 성분 및 구조분석이 어려운 점이 사실이지만 보존처리를 위해서도 과학적인 분석 방법이 요구됩니다. 한 점의 고대직물을 분석하기 위해 오늘 발표하신 고대직물 분석방법을 모두 사용하지는 않을 것으로 짐작됩니다. 혹시 유물의 상태에 따라 오늘 발표하신 고대직물 분석방법을 달리 사용하는지 실제로 오쿠야마 선생님이 가장 효율적이라고 생각하는 방법은 무엇인지, 그리고 이유는 무엇인지 궁금합니다.

오늘 개최된 가야학술제전에서 고대직물 분야에 대해 관심을 갖고 하나의 독립 주제로 세미나를 개최해 주신 김해박물관, 대구박물관 측에도 감사드리며 앞으로 국내에서도 더욱 과학적인 방법으로 고대직물에 접근할 수 있기를 기대합니다.

편집 후기

직물은 예로부터 사람들이 살아가는 생활 전반에 걸쳐 사용되고 있으며 그 사용 방법과 목적도 매우 다양하여 인간의 생활문화와는 뗄 수 없는 관계라고 할 수 있다. 그런데도 고대 직물 연구는 매우 생소한 분야이며 고대 문화를 연구하는 부문 중에서도 상당히 어려운 분야이다. 그 이유는 직물이라는 재질의 특성상 현재까지 남아 전해지는 예가 너무 부족하다는 데 있다. 남아 있는 경우도 대부분이 다른 금속유물 등에 수착(銹着)된 모습으로 발견되어 직물 자체의 성질은 없어진 상태이며 그나마도 완전한 형태는 찾아보기 어렵다. 이렇듯 완전한 모습을 갖추지 못했던 직물들은 문화재나 자료로 인식되지 못한 채 방치되거나 쓸려나가는 일들도 제법 있었다. 하지만 지금은 연구의 관점과 방법 등이 바뀌고 문화재를 연구하는 과학적 방법들이 발전하면서 그동안 우리들이 놓쳤던 작은 단서에서 수많은 자료들을 찾아내고 있다. 고대 직물 역시 그런 대상 중에 하나라고 할 수 있다. 연구자들이 수많은 노력을 토대로 조금씩 고대 직물의 모습과 그것을 사용한 사람들의 생활상을 확인하는 자료로 활용되고 있다.

2019년 가야 문화 복원 사업의 일환으로 진행되었던 국립김해박물관 가야학술제전 주제 중 하나로 "가야 직물"이 선택되었다. 하지만 위에서도 서술했듯이 고대 직물을 연구하는 자체가 매우 어려운 작업이기 때문에 직물 자료뿐 아니라 직물 외의 유관 자료와 문헌 자료를 통해 연구를 진행한다. 이렇듯 단편적으로 확인되는 고대 직물을 연구하기 위해서 문헌 자료는 매우 중요한 위치를 차지하고 있으나 가야는 관련 문헌 기록 자체가 매우 적어 문헌 자료로 연구를 진행함에 어려움이 많다.

가야 직물은 단편적인 유물과 희박한 문헌 자료 등으로 연구 진행에 많은 한계를 가지고 있음에도 여러 연구자들의 꾸준한 노력으로 착실하게 기초를 다져나가고 있다. 이번에 발간된 "가야 직물"에서는 이제까지 가야 직물을 직접 조사하고 확인한 자료를 바탕으로 가야 직물의 복원이라는 주제에 다가가고, 부족한 자료의 틈을 메우기 위해 직물 이외의 여러 유물들의 복합적인 검토를 통해 가야 직물의 대외교류 가능성을 찾아보는 것에 의의가 있다고 할 수 있다. 또한 지금까지 확인된 가야 직물과 출토 유적, 연구 성과를 정리하여 소개하고 있다. 마지막으로는 최근 일본에서 진행되고 있는 고대직물의 연구 방법에 대한 소개로 앞으로 고대직물 연구에 활용 가능성을 제시하고 있다. 이 책을 기초자료로 더 많은 조사 연구가 이루어지고 가야인들의 생활에 녹아 있었던 직물을 찾아내고 더 나아가 가야인들이 사용하고 만들었던 직물의 모습을 재현할 수 있게 되기를 기대한다. (김연미)